Mit dem FAHRRAD am WASSER ENTLANG

# MIT DEM FAHRRAD
Norbert Schmidt
## AM WASSER ENTLANG
Die schönsten Touren an Bächen und Flüssen im Rheinland

J.P. Bachem Verlag

# IMPRESSUM

Da gehts lang – Radwegweisung im Rheinland

Bibliografische Information der Deutschen Bibliothek
Die Deutsche Bibliothek verzeichnet diese Publikation in der Deutschen Nationalbibliografie; detaillierte bibliografische Daten sind im Internet über http://dnb.ddb.de abrufbar.

1. Auflage 2008
© J.P. Bachem Verlag, Köln 2008
Einbandgestaltung und Layout: Heike Unger, Berlin
Lektorat: Kerstin Goldbach, Bergisch Gladbach
Karten: www.cartomedia-karlsruhe.de
Reproduktionen: Reprowerkstatt Wargalla, Köln
Druck: Grafisches Centrum Cuno, Calbe
Printed in Germany
ISBN 978-3-7616-2173-8
www.bachem.de

**Abbildungsnachweis**
Alle Abbildungen Norbert Schmidt außer S. 55 Jürgen Gräper
Titelbild: Jochen Rüffer

Hinweis:
Die Adressen und Angaben im Serviceteil des Buches wurden vom Autor sorgfältig recherchiert und vom Verlag geprüft. Wir bitten um Verständnis, dass Verlag und Autor keine Garantie für die Richtigkeit der Angaben übernehmen können. Für Korrekturhinweise sind wir sehr dankbar.

# INHALT

Über dieses Buch 6

**Tour 1 – Entlang der Swist** 9
Wasserburgen und römische Relikte
*31 km (mit Abkürzungsmöglichkeit), leicht*

**Tour 2 – Entlang des Rotbachs** 19
Fachwerk, Burgen und Schlossparks
*45 km, leicht*

**Tour 3 – Am Neffelbach** 29
Auen, Bäche und alte Tore
*54 km (mit Abkürzungsmöglichkeit), leicht*

**Tour 4 – Oleftal und Veybachtal** 39
Aquädukte, Eisenhütten und Ritterspiele
*53 km (mit Abkürzungsmöglichkeit), mittel*

**Tour 5 – Entlang der Urft** 49
Staumauern, Talsperren und Turbinen
*54 km (mit Abkürzungsmöglichkeit), mittel*

**Tour 6 – Am Oberlauf der Ahr** 59
Quellen, Wacholder und Skulpturen
*56 km (mit Abkürzungsmöglichkeit), mittel*

**Tour 7 – An der Agger und im Naafbachtal** 69
Viel Natur und ein altes Schiff
*26 km (mit Abstecher 37 km), leicht*

**Tour 8 – Entlang der Wupper** 79
Dämme, Stauseen und viel Fachwerk
*33 km, mittel*

**Tour 9 – Am Unterlauf der Wupper** 89
Hämmer, Kotten und ein fleißiger Fluss
*38 km, leicht*

**Tour 10 – Im Hanfbachtal und im Mehrbachtal** 101
Basaltabbau und Schmalspurbahnen
*48 km (mit Abkürzungsmöglichkeit), mittel*

**Tour 11 – Durch das Tal der Wied** 111
Raiffeisen, Kreuzbrüder und Erzminen
*66 km, mittel*

**Tour 12 – An Holzbach und Saynbach** 121
Burgen, Hexen und tropische Schmetterlinge
*65 km, mittel*

# ÜBER DIESES BUCH

*Gibt der Region ihren Namen – Der Rhein bei Köln*

Das Rheinland dient ca. 9 Mio. Einwohnern als Lebensmittelpunkt. Sie wohnen und arbeiten hier und sie erleben und verbringen dort den größten Teil ihrer Freizeit. Man schätzt die Lebensqualität der Region, denn das Rheinland hat einiges zu bieten.

Flüsse und Bäche prägen das Rheinland, der Hauptstrom dient sogar als Namensgeber. Die großen Flüsse sind gleichzeitig Verkehrswege, an Flüssen und Bächen orientieren sich häufig weitere Verkehrswege. Sie weisen im welligen bis hügeligen Mittelgebirge geringe Steigungen und Gefälle auf – ideal zur Fortbewegung und zur Orientierung mit dem Fahrrad.

Flüsse und Bäche gliedern die Landschaften. Sie bilden eine natürliche Grenze oder Barriere, sie verleihen einer Landschaft und einer Region ihr Gesicht. So schufen in ehemaligen Bergbaugebieten des Bergischen Landes und des Westerwalds viele Hämmer und Mühlen ganze Existenzen von Handwerks- und Dienstleistungsbetrieben, Flüsse und Bäche waren Garant für Wohlstand und Entwicklung. Der Bau von Talsperren im Bergischen Land und in der Eifel zur Trink- und Brauchwasserversorgung der rheinischen Ballungsgebiete hat bundesweit Maßstäbe gesetzt.

Inzwischen haben sich die Schwerpunkte verlagert, denn viele Verkehrswege in Flusstälern erwiesen sich mit fortschreitender industrieller Entwicklung – vor allem mit der Motorisierung des Verkehrs – als zu schmal, die Qualität des Wassers litt bei exzessiver Nutzung der herstellenden Industrie (Farben, Papier) enorm, die Bevölkerung zog neuen Arbeitsplätzen nach.

Heute wirken die meisten kleineren Fluss- und Bachtäler eher verlassen, dienen ehemalige Mühlen als Gasthöfe oder Galerien, werden Programme zur Renaturierung von Fließgewässern aufgelegt oder moderne Kläranlagen zur Verbesserung der zum Teil noch heute grenzwertigen Wasserqualität gebaut. An einigen Talsperren prägen Campingplätze und Segelboote das Landschaftsbild.

Inzwischen haben die allermeisten Kommunen und Landkreise das Fahrrad als ein beliebtes und stark genutztes Verkehrsmittel zumindest im Freizeitbereich entdeckt. So werden nicht nur Radrouten sukzessive ausgeschildert, sondern gerade entlang vieler Fluss- und Bachtäler einmal im Jahr die dortigen Hauptverkehrsstraßen für den motorisierten Verkehr gesperrt, sodass sich an diesem Tag die Flusslandschaft ohne Lärm und Abgase entspannt erleben lässt.

Mit den zwölf beschriebenen Radtouren entführen wir Sie in vier Teilregionen des Rheinlands, linksrheinisch in die Börde und in die Voreifel mit insgesamt drei Touren sowie in die charakteristische Mittelgebirgslandschaft der Eifel mit ebenfalls drei Touren, im Rechtsrheinischen verlaufen jeweils drei Touren durch das Bergische Land sowie durch den Westerwald.

## Für Radler ausgeschilderte Routen

Bei der Auswahl der Routen sowie der Verläufe wurde darauf geachtet, dass diese möglichst autofrei, ohne größere Steigungen sowie einfach von der An- und Abreise zu gestalten sind. Auch eine Ausschilderung mit Wegweisern speziell für Radfahrer ist in den allermeisten Fällen vorhanden. Auf Gefahrenpunkte, Steigungs- und Gefälleabschnitte, Wegbeschaffenheit und Verkehrsbelastung wird ebenfalls hingewiesen. Sämtliche Routen sind Streckenrouten, weisen also unterschiedliche Start- und Zielpunkte auf, sodass sich die Nutzung des recht guten Schienenverkehrangebotes in der Region anbietet. Sämtliche Züge haben heute mindestens ein Mehrzweckabteil, um genügend Fahrräder mitnehmen zu können. In einigen Fällen kann die Tour abgekürzt werden, ansonsten können ambitionierte Radler Touren kombinieren und ihren Ausflug verlängern. Wer mit dem Auto anreist, muss abschätzen können, ab wann die Strecke zum Ausgangspunkt wieder zurückgefahren werden muss, da die gesamte Strecke hin und zurück in einigen Fällen sicherlich zu lang ist.

## Infos und detaillierte Wegbeschreibung

Am Ende jeder Tour folgt der Serviceteil mit Tipps zu Sehenswertem und zur Einkehr unterwegs. Jeder Tourenbeschreibung ist ein Info-Kasten vorangestellt, hier sind sowohl Tourenlänge als auch Schwierigkeitsgrad und Charakteristik der Tour kurz beschrieben. Die genannten Einkehrmöglichkeiten – meist außerorts – stellen lediglich eine Auswahl dar, Adressen und Telefon-Nummern finden Sie im Serviceteil, Sehenswürdigkeiten sind im Tourentext integriert sowie zu Beginn gesondert aufgeführt, eine detaillierte Wegbeschreibung sowie ein Kartenausschnitt mit Tourenverlauf folgen im Anschluss. Ebenso hingewiesen wird auf Rad-Erlebnistage in der Region.

## Tipps zur Orientierung
Zum besseren Überblick sowie für mögliche Streckenänderungen empfehlen wir die ADFC-Radkarten, welche alle beschriebenen Regionen abdecken. Bis auf die Touren in der Region Westerwald sind sämtliche Routen ausgeschildert.

## GPS-Daten
Sie können alle Touren auch mit Hilfe eines Navigationsgerätes fahren. Die dazu erforderlichen GPS-Daten sind kostenlos auf der Internetseite www.bachem-verlag.de abrufbar.

## Tarifhinweise bei An- und Abreise mit der Bahn
Bedingt durch die Konzeption als Streckentouren – also unterschiedlicher Start- und Zielpunkt – empfiehlt sich die An- und Abreise mit der Bahn. Sämtliche Touren sind so konzipiert, dass der VRS-Tarif (Verkehrsverbund Rhein-Sieg) zur Anwendung kommt. Schon ab 2 Personen lohnt sich das VRS-Tagesticket für 5 Personen, da ohne Zuschlag die Fahrradmitnahme anstelle von weiteren Personen möglich ist. Weitere Tipps und Infos zu Tarifen und Beförderungsbestimmungen gibt es bei den Kunden-Centern des VRS, unter www.vrsinfo.de sowie unter der Hotline 01803 / 50 40 30 („Die schlaue Nummer" für 9 Cent/Min – Telekom-Festnetz). Ansonsten ist die Fahrradmitnahme ohne zeitliche Einschränkungen in Zügen mit einem Mehrzweckabteil möglich, auch ist die Mitnahme von Fahrrädern auf Mehrfahrtenkarten gestattet.

## Die wichtigsten Tariftipps
Das VRS-Tagesticket (RegioTicket) für 5 Personen gilt im gesamten VRS-Gebiet und kostet zurzeit 26,- €.
Es gilt auf der Ahrtalbahn (Tour 6) auch das NRW-Ticket (23,50 € für 1 Pers. bzw. 33,– € für Gruppen bis 5 Pers., am Fahrkartenschalter jeweils 2,– € mehr). Die Fahrradmitnahme kostet in Verbindung mit dem NRW-Ticket ganztägig 3,50 € in alle Richtungen, im VRS-Tarifgebiet gilt:
Einzelfahrschein CityTicket Zone 1b = 2,30 €, 4er-Ticket, Zone 1b = 8,10 €, Stand (alle Tarife): Januar 2008

Alle Tickets sind am Automat an den Bahnhöfen und im Automat der Triebwagenzüge erhältlich.
Die NRW-Ticketangebote sind auch über das Internet erhältlich (www.bahn.de ➔ Länder-Tickets).

*Entlang der Swist – Wasserburgen und römische Relikte*

# 1 Entlang der Swist

## Wasserburgen und römische Relikte

**AUF EINEN BLICK**

**Start:** Bahnhof Erftstadt; Anfahrt mit den Bahnlinien RE 12, RE 22 und RB 24
**Ziel:** Bahnhof Meckenheim, Anfahrt mit der Bahnlinie RB 23
**Sehenswürdigkeiten:** Burg Kühlseggen, Burg Metternich, Burg Kriegshoven, Burg Heimerzheim, Swistübergang bei Lützermiel, Burg Morenhoven, Haus Heisterbach, Burg Lüftelberg, römischer Aquäduktpfeiler bei Lüftelberg
**Einkehrmöglichkeiten:** Restaurant Pfefferschote, Pension Gaststätte „Zum Schwan", weitere Gasthöfe in Flerzheim, Lüftelberg, mehrere Einkehrmöglichkeiten in Meckenheim
**Länge der Strecke:** 31 km (ab Bahnhof Weilerswist 23 km)
**Schwierigkeitsgrad:** leicht; auch von Kindern und Ungeübten zu bewältigen; ideal als Einsteigertour
**Charakteristik:** von Metternich bis Kriegshoven ohne Radwege entlang der L 163, schmaler Pfad bei Flerzheim sowie ein kurzes Stück vor dem Bahnhof Meckenheim, ansonsten problemlos auch mit Fahrradanhänger befahrbar. Keine nennenswerten Steigungen; kurz vor Bliesheim eine Gefällstrecke (10%)
**Ausschilderung:** größtenteils ausgeschildert mit Fahrradwegweisern nach der landesweiten Radwegweisung NRW sowie mit dem (kleinen) Logo der „Wasserburgenroute".

**GPS TOUR 01** abrufbar unter www.bachem-verlag.de

*Vorherige Seite: Burg Kriegshoven im Swisttal*

DIESE TOUR entlang der Swist verläuft am Fuße der Ville auf meist autofreien Wegen. Im stark landwirtschaftlich geprägten Gebiet der Zülpicher Börde verdanken die Gemeinden Weilerswist und Swisttal ihre Namensgebung dem gleichnamigen Bach. Viele Wasserburgen liegen im Einzugsbereich der Swist, auch stoßen wir auf Spuren römischer und preußischer Geschichte. So überquerte die römische Wasserleitung sowohl die Swist als auch den Höhenrücken der Ville. Der letzte Abschnitt verläuft mitten durch das Meckenheimer Apfelanbaugebiet, der „rheinischen Obstkammer".

*Herbstzeit, Apfelzeit – Spalierobst bei Meckenheim*

## Entlang der Swist – Wasserburgen und römische Relikte

*Die Swist ist ein Bach mit einer Lauflänge von knapp 44 km und einem oberirdischen Einzugsgebiet von 284 km². Sie entspringt am Nordrand der Eifel bei Kalenborn, fließt durch Meckenheim und später am südwestlichen Villerücken entlang und mündet bei Bliesheim in die Erft. Im Zuge der Gebirgsbildung im geologischen Erdmittelalter (Devon) vor ca. 300 Mio. Jahren wurde das Rheinische Schiefergebirge angehoben, in der Folge bildeten sich Bruchschollen, Bäche und Flüsse änderten ihre ursprünglichen Verläufe. So ist die Swist durch die Hebung der Eifel ein von der südlich fließenden Ahr abgetrennter Bachverlauf.*

Vom auf dem Höhenrücken der Ville gelegenen **Bahnhof Erftstadt** führt uns die Route links entlang der K 45 in Richtung **Bliesheim**. Nach der rasanten Abfahrt in den Ortskern hinein gelangen wir an die Erft, die dem Kreisgebiet ihren Namen gab. Entgegen der Fließrichtung geht es südwärts bis zur Gabelung im Mündungsbereich der Swist, deren Verlauf wir nun flussaufwärts folgen. Noch vor Weilerswist sieht man **Burg Kühlseggen**, ein Wasserschloss aus dem 14. Jh. Heute gehört dieses Anwesen der Familie von Eltz-Rübenach, die diese Wasserburg umfassend renoviert hat und auch bewohnt.

Unsere Tour führt nun abseits der Swist rechts auf die L 194 unter einer Autobahn hindurch und kurze Zeit später links

*Die Swist bei Heimerzheim*

*Entlang der Swist – Wasserburgen und römische Relikte* 12

durch ein verkehrsberuhigtes Wohngebiet. Dieses verlassen wir später, der Pfeilwegweisung folgend, über die Bahngleise der Eifelbahnstrecke, fahren durch ein Gewerbegebiet, erreichen einen Kreisverkehr und radeln auf dem Radweg neben der L 163 nach **Metternich**. Die Swist fließt unmittelbar am Fuße des Villerückens entlang des Kottenforsts. Die dortigen

*Früher ein Adelssitz, heute privat – Burg Metternich*

Wege sind zum Radeln jedoch ungeeignet, sodass wir vorerst mit der Landstraße vorlieb nehmen müssen.
Um einen Abstecher in die Ortsmitte beziehungsweise zur Burg zu machen, muss man die L 163 in Höhe der Bergstraße links verlassen. Am Dorfplatz führt links die Wasserburgstraße direkt zum Anwesen der Herren von Metternich. Der heutige Bau der im 14. Jh. erwähnten **Burg Metternich** stammt aus dem frühen 17. Jh., mit Ausbauten aus dem späten 19. Jh. Die inmitten des Ortskernes mit dem schönen **Fachwerkensemble** gelegene **Kirche St. Johann Baptist** wurde ursprünglich im 14. Jh. errichtet, jedoch während des 30-jährigen Krieges zerstört und Mitte des 17. Jh. wieder aufgebaut.
Nun geht es wieder die Bergstraße zurück, danach links auf die L 163 (Meckenheimer Straße).
Unsere Tour führt uns weiter entlang der L 163. Dabei müssen wir uns die Fahrbahn mit den Autos teilen. In Höhe der Gartenbaubetriebe an der Bushaltestelle „Kriegshoven" geht es links zur **Wasserburg Kriegshoven**. Diese aus dem 16. Jh. stammende zweiteilige Wasserburganlage ist bewohnt, kann jedoch von außen besichtigt werden. Zurück vom Abstecher zur Burganlage geht es nach Überquerung der Swist scharf links weiter, hier erreichen wir wieder die Swist, und radeln abseits der Landesstraße entlang der Swist durch **Heimerzheim**. Am Ende der Bachstraße liegt in

## Entlang der Swist – Wasserburgen und römische Relikte

Höhe der zu querenden L 163 **Burg Heimerzheim**, eine typische zweiteilige rheinische Wasserburganlage aus dem 13. Jh. Sie ist eine der ehemals sechs Adelssitze in Heimerzheim. Die Anlage ist noch heute bewohnt, einige Räumlichkeiten können für größere Feierlichkeiten angemietet werden.

Von der Burg kommend geht es links über die Swist, dahinter wieder links und weiter auf ruhigen Wegen an der Swist entlang, wo wir später die K 9 queren. Die Route verläuft weiter entlang der eher gemächlich dahin fließenden Swist, die in der stark ausgeräumten und agrarisch geprägten Landschaft wie eine Oase inmitten der Wüste wirkt. Wir wechseln später die Uferseite und stoßen kurze Zeit darauf auf die B 56. Der historische **Swist-Übergang zu Lützermiel** ist im Gelände durch einen erhaltenen Straßendamm, Reste der Swistbrücke sowie einem aus der Preußenzeit stammenden Meilenstein von 1823 nachgewiesen. Der Meilenstein stand früher weiter nördlich. Bereits zu Zeiten der Römer gab es hier vermutlich eine Siedlung sowie eine Römerstraße mitsamt einer Flussquerung. Hier laden Bänke zum Verweilen ein, und auf den Schautafeln kann man sich über die Geschichte des Flussübergangs informieren.

Weiter geradeaus, nun mit dem Blick auf die Ausläufer der Eifelberge, verläuft unsere Route an **Morenhoven** vorbei. Wer möchte, kann einen Abstecher zur **Burg Morenhoven**

unternehmen, die Burg stammt aus dem 14. Jh. und wurde zum Ende des 17. Jh. neu errichtet. Da sie sich in Privatbesitz befindet, ist sie nur von außen zu besichtigen. Nach Querung der L 493 geht es auf der rechten Seite weiter bis in Höhe einer Schutzhütte, dort halten wir uns links und radeln weiter bis **Flerzheim**. Diesen Ort durchqueren wir

*Burg Heimerzheim lohnt eine Besichtigung*

*Entlang der Swist – Wasserburgen und römische Relikte* 14

*Pause auf Burg Lüftelberg*

diesen Gebäudekomplex und stiftete ihn als Vermächtnis der Gemeinde mit der Bedingung, dass dort eine Genossenschaft unter weiblicher Führung entsteht, die sich vor allem um Kranke kümmert. So entstand das „Antoniuskloster" unter der Leitung der Schwestern der Cellitinnen aus Neuss. Am Ortsende folgen wir der Wegweisung rechts über die Flerzheimer Straße bis zur **Burg Lüftelberg**, deren Kern aus dem 16. Jh. stammt und im 18. Jh. zu einem Barockschloss umgebaut wurde. Auch dieses Anwesen ist bewohnt, kann jedoch von außen sehr gut eingesehen werden. Ein riesiger Walnussbaum sowie die Aussicht auf die Voreifel von der Balustrade am Vorplatz der Burg laden zu einer Rast ein. Danach geht es weiter durch den Ort **Lüftelberg** und später auf der K 53 bis zu den **Überresten eines römischen Aquädukt-Pfeilers** der ca. 100 km langen römischen Wasserleitung, die von der Eifel bei Urft bis nach Köln führte und an dieser Stelle auf einer Länge von 1400 m die Swist gequert hat.

entlang der Swist, die hier in ein Kanalkorsett gezwängt wurde. In Höhe der Bushaltestelle „Kloster" verlassen wir die Swist, biegen links (L 163, Fliesweg) ab und radeln geradeaus an **Haus Heisterbach** vorbei. Haus Heisterbach diente bis zur Säkularisation um 1800 als Abgabenhof und als Treffpunkt zur Huldigung des damaligen Abtes von Heisterbach. Um 1900 kaufte ein Gutsbesitzer aus der Gegend

Ab hier fahren wir über die Swist und dahinter mit einigen Versetzen durch das **Apfelanbaugebiet von Meckenheim**, wo wir mittendrin an einer Kreuzung links abbiegen müssen, um wenig später, am Zentrum der Zeugen Jehovas vorbeifahrend, die L 163 erreichen. Nun ist es nicht mehr weit zum **Bahnhof Meckenheim**, dem Ende unserer erlebnisreichen Tour.

15 — Entlang der Swist – Wasserburgen und römische Relikte

*Tour 1*

*Oase mitten in der Börde – Swistaue bei Weilerswist*

# GPS TOUR 01

*Entlang der Swist – Wasserburgen und römische Relikte* — 16

## STRECKENBESCHREIBUNG

Vom **Bahnhof Erftstadt** links← in Richtung Lechenich, die K 45 geradeaus↑ bis **Bliesheim** (10 % Gefälle!). In Bliesheim links← „Merowingerstr.", wieder links← „Lange Heide", später rechts→ „Heerstr." Bei Haus-Nr. 44 rechts→, der Weg verschwenkt nach links, unter der A 553, an der Gabelung links← (rechts geht es zur Mündung der Swist in die Erft), an der Swist entlang, von Weitem sieht man **Burg Kühlseggen**, der Wegweisung folgen bis zur **L 194** „Kölner Str.", auf diese rechts→.

Unter der A 61 hindurch und an der Jet-Tankstelle links← „Th.-Heuss-Str.", der Wegweisung folgen bis zur Kreuzung, links← „Rathenaustr.", später rechts→, dann links← „Triftstr.", über die Bahngleise, geradeaus↑ durch das Gewerbegebiet (trotz Sackgasse), am Ende des Wendehammers links← auf den linksseitigen Radweg, am Kreisel geradeaus↑, weiter auf dem Radweg bis **Metternich**.

Geradeaus↑ bis Bushaltestelle „Kriegshoven", dort links← zur Wasserburg. Sonst links←, wieder rechts→, weiter am Swistbach entlang. geradeaus↑ durch **Heimerzheim** „Bachstr.", am Ende geradeaus↑, die L 163 geradeaus↑ (Rechtsversatz) queren, weiter an der Swist, später geradeaus↑ über die K 9, danach links←, im Rechtsbogen weiter am Bach entlang. Später im Linksversatz über die Swist, weiter geradeaus↑ zum **historischen Swistübergang**.

Über die B 56 geradeaus↑, vorbei an **Morenhoven**, geradeaus↑ über die L 493, an der Gabelung (Schutzhütte) links←, auf einem schmalen Wegabschnitt nach **Flerzheim**, im Linksversatz die „Nußbaumstr." queren und geradeaus↑ zum Ortsende. An der Bushaltestelle „Kloster" links← (L 163, Fließweg), an der Kreuzung geradeaus↑, am Ortsende rechts→ auf „Flerzheimer Str." weiter bis zur **Burg Lüftelberg**. An der Schlosszufahrt links← die „Schloßstr." bergauf, rechts→ „Petrusstr.", geradeaus↑ auf die K 53, am Pfeiler des Römerdenkmals rechts→, nach 500 m links←, über die Swist, nach 500 m rechts→, später geradeaus↑ über die L 163, inmitten der Apfelanbaugebietes an der Kreuzung links←, an der nächsten Gabelung links← (Kongress-Saal der Zeugen Jehovas), dann rechts→ „Kalkofenstr.", diese weiter auf einem schmalen Wegestück, rechts→ auf die L 163, über die Gleise, rechts→ zum **Bahnhof Meckenheim**.

*Der historische Swistübergang bei Lützermiel*

2 Touren

*Entlang der Swist – Wasserburgen und römische Relikte* 18

**ADRESSEN UND INFORMATIONEN**

### Sehenswürdigkeiten

**Burg Kriegshoven**
Kriegshoven, 53913 Swisttal-Heimerzheim
(privat, nur von außen zu besichtigen)

**Burg Heimerzheim**
Hinter dem Burggarten,
53913 Swisttal-Heimerzheim
(privat, nur von außen zu besichtigen)
www.burg-heimerzheim.de (Feste, Veranstaltungen und Übernachtungen in der Burg)

### Einkehrmöglichkeiten:

**Restaurant Pfefferschote**
Inh. Ivica Sopta, Kölner Straße 260,
53919 Weilerswist, Tel. 02254/84 75 69,
geöffnet tägl. 11.30–14 h und 17–23.30 h,
mit Biergarten
www.pfefferschote-weilerswist.de

**Pension Gaststätte „Zum Schwan"**
Bergstraße 20, 53919 Weilerswist-Metternich,
Tel. 0173/233 64 91, sehr preiswerte Mittagskarte unter der Woche, Mi Ruhetag,
Küche geöffnet 11.30–14 h sowie ab 17.30 h,
mit Außenterrasse
www.schwan-metternich.de

**Gaststätte „Zur Linde"**
Bachstraße 1, 53913 Swisttal-Heimerzheim,
Tel. 02254/24 59

**Hotel Restaurant Klosterstuben**
Kölner Straße 27, 53913 Swisttal-Heimerzheim,
Tel. 02254/70 34

Kurioses am Wegesrand

Da braut sich was zusammen – Gewitterwolken bei Flerzheim

# 2 Entlang des Rotbachs

## Fachwerk, Burgen und Schlossparks

**AUF EINEN BLICK**

**Start:** Bahnhof Mechernich, Anfahrt mit den Bahnlinien RE 12, RE 22 und RB 24

**Ziel:** Bahnhof Erftstadt, Anfahrt mit den Bahnlinien RE 12, RE 22 und RB 24

**Sehenswürdigkeiten:** hist. Ortskern von Kommern, Rhein. Freilichtmuseum Kommern, Burg Eicks, Haus Dürffenthal, Haus Lauvenburg, Haus Bollheim, Weiße Burg und Burg Redinghoven, Lechenich mit Stadttor, Burg und Schlosspark, Burg Konradsheim

**Einkehrmöglichkeiten:** Bauernhofrestaurant Burghofküche, Bauern-Café „Zur Zehntscheune", Dörpstüffje, Westminster-Steakhouse, Landhaus Konradsheim

**Länge der Strecke:** 45 km

**Schwierigkeitsgrad:** eher leicht; eine kurze Steigung in Kommern sowie eine weitere kurze Steigung hinter der Eicksermühle

**Charakteristik:** meist gut befahrbare Wege, ein geländegängiges Rad wird empfohlen; für Kinder und Fahrradanhänger mit Einschränkungen geeignet

**Ausschilderung:** Die Tour ist größtenteils ausgeschildert mit Fahrradwegweisern nach der landesweiten Radwegweisung NRW, mit dem Logo „Tälerroute Rotbach" sowie mit dem Logo der „Wasserburgenroute".

**Anschlusstour:** Tour 1 – Entlang der Swist (Erftstadt – Meckenheim)

**GPS TOUR 02** abrufbar unter www.bachem-verlag.de

UNSERE TOUR entlang des Rotbachs verläuft im ersten Teil von Mechernich bis Eicks an Straßen entlang, und in Kommern gibt es einen steilen Anstieg im Ort. Mit Erreichen des Rotbachs ab Eicks verläuft die Route durch die Zülpicher Börde auf meist autofreien Wegen. In der weiträumigen Agrarlandschaft der Zülpicher Börde führt die Route teilweise neben den parallel zum Rotbach angelegten Mühlengräben.

Der Rotbach mit seiner Länge von 21 km entspringt bei Kall in der Eifel und mündet bei Gymnich in die Erft. Charakteristisch ist die vor allem nach starken Regenfällen rot-bräunliche Färbung des Wassers, die auch in den Äckern rechts und links des Flusslaufs deutlich sichtbar wird. Der gesamte Bereich der Bachniederung wurde über Jahrhunderte hinweg als Grünland genutzt. Erst nachdem im vergangenen Jahrhundert der Rotbach begradigt und der Auenbereich komplett drainiert wurde, konnte auch Ackerbau in den trockengelegten Niederungen erfolgen.

Im Verlauf dieser Entwicklung verschwanden nahezu alle Wiesen und Weiden in der Talaue des Rotbaches, ebenso wich der typische Ufergehölzsaum des Auwaldrestes mit Weiden, Erlen und Eschen einer monotonen Hybridpappelbepflanzung. Heute zielen neue Strategien im Naturschutz darauf ab, das ursprüngliche Netz von lebendigen Struktu-

*Vorherige Seite: Burg Eicks am Rotbach*

## Entlang des Rotbachs – Fachwerk, Burgen und Schlossparks

*ren in der Kulturlandschaft wiederherzustellen. Dies sind in erster Linie Renaturierungsmaßnahmen am Bachverlauf. Hierbei werden bevorzugt standortgerechte Pflanzen verwendet. Der Rotbach beeinflusst das Leben in den Orten maßgeblich, an deren Ufern Äcker und Häuser liegen, die bei großen Regenfällen leicht überschwemmt werden können.*

Vom **Bahnhof Mechernich** führt uns die Route entlang eines Radwegs neben der Bundesstraße bis nach **Kommern**. Durch die Mühlengasse erreichen wir den historischen Ortskern mit seinem markanten Fachwerkbestand. In der Ortsmitte geht es über Kopfsteinpflaster den Kirchberg bergauf, hier beginnt die „Tälerroute Rotbach". Diese führt später an der Einfahrt des **Rheinischen Freilichtmuseums Kommern** vorbei, das nicht nur wegen der sehr interessanten Ausstellung „Wir Rheinländer" immer einen Besuch lohnt. Weiter geht es auf der Kreisstraße bergab nach **Eicks**. Die Ursprünge der 1402 erstmals erwähnten Wasserburg sind nicht bekannt, der heutige Barockbau mit Nepomukbrücke und Barockgarten stammt aus der Zeit des späten 17. Jh.

Unsere Route erreicht nun erstmals den Rotbach und verläuft an der **Eicksermühle** vorbei. Kurz danach müssen wir nun ein schlechtes Wegstück, wieder abseits des Rotbachs,

*Kleinod am Eifelrand – Burg Eicks mit Wassergraben*

*Entlang des Rotbachs – Fachwerk, Burgen und Schlossparks* 22

bergauf zur Straße nach **Schwerfen** strampeln. Im Ort geht es an der **Gülicher Burg** vorbei, später am **Grenicher Hof**, bis unsere Route bei **Sinzenich** erneut an den Rotbach stößt. Ab hier verlassen wir die Ausläufer der Eifel und fahren in das stark landwirtschaftlich genutzte Gebiet der Börde hinein. Hierbei wirkt der uns begleitende Rotbach wie eine grüne Ader inmitten der vom Ackerbau geprägten Landschaft. Schwer vorstellbar, dass hier im späten Mittelalter Buchenwälder das Landschaftsbild geprägt haben sollen. In **Lövenich** queren wir den Bach, folgen der Wegweisung der „Tälerroute Rotbach" und fahren später an **Haus Dürffenthal** vorbei, einem Adelssitz aus dem 14. Jh., deren ritterliches Adelsgeschlecht vermutlich durch die Pest noch im gleichen Jahrhundert ausstarb. Der Innenhof sowie die Pferdekoppel entlang der Walnussbaumallee lohnen eine kurze Rast. Unsere Tour verläuft später unter einer Bahnbrücke und erreicht, nach einem Abstecher zu dem im 16. Jh. erbauten **Haus Lauvenburg**, den Zülpicher Ortsteil **Nemmenich**. Hinter der Umgehungsstraße folgen wir der Wasserburgenroute und erreichen über eine Eichenallee **Haus Bollheim**, einen Landwirtschaftsbetrieb mit Hofladen und Bio-Produkten. Abseits des Rotbachs verläuft die Tour weiter über **Oberelvenich** nach **Niederelvenich**. Am Ortsende geht es weiter über einen Feldweg, der streckenweise keine Asphaltdecke aufweist und an **Mülheim** mit der gleichnamigen Burg im Tal

*Rotbachaue bei Sinzenich*

## Entlang des Rotbachs – Fachwerk, Burgen und Schlossparks

## Tour 2

des Rotbachs vorbeiführt. In Höhe von **Haus Pesch** knickt die Route zuerst links, an der kommenden Kreuzung rechts ab, allerdings sucht man hier die Wegweiser vergeblich. Man orientiert sich am besten an der Überlandleitung, die wir unterqueren und nach der wir an der kommenden Kreuzung rechts abbiegen, um weiter nach **Borr** zu radeln. Hinter Borr geht es zuerst ein Stück von der Landstraße weg, bevor wir nach Passieren des Rückhaltebeckens wieder auf diese zurückkehren und über den Rotbach nach **Niederberg** fahren. Vorbei an **Burg Niederberg**, einer Wasserburg aus dem 18. Jh., radeln wir bis **Friesheim**. In dieser einstmals römischen Siedlung mit Töpfereibezirk lohnen sich zwei Abstecher: Der erste führt uns zur großzügigen Anlage der **Burg Redinghoven** aus dem 18. Jh. Die zweiteilige Wasserburg ist bewohnt und im Hofladen kann unter der Woche Obst und Gemüse gekauft werden. Der zweite Abstecher führt uns zu einer weiteren Burg, der **Weißen Burg.** Sie liegt an der Ortsausfahrt der Weilerswister Straße und ist eine einstmals wasserumwehrte Viereckanlage. Das Mitte des 17. Jh. errichtete Herrenhaus wurde im vergangenen Weltkrieg zerstört und nicht wieder aufgebaut.

Ab **Friesheim** geht es wieder am Rotbach entlang eines schmalen Weges. Dabei müssen wir einige Haken in Kauf nehmen und die Flussseite öfter wechseln. Später geht es

*Landesburg Lechenich*

*Entlang des Rotbachs – Fachwerk, Burgen und Schlossparks* 24

auf einem vor allem nach Regenperioden matschigen Wegestück weiter entlang des **Lechenicher Mühlengrabens**, diesem folgen wir nach **Ahrem**. Ab dort führt uns hinter dem **Laacherhof** ein Feldweg parallel zum Rotbach bis **Lechenich**, überragt von den bereits von Weitem erkennbaren Zinnen seiner Landesburg.

Die Lage an der Fernstraße Bonn-Aachen und zwischen zwei Bächen war bestens geeignet für die Anlage einer befestigten und durch Wassergräben geschützten Siedlung. Mit dem Bau der planmäßig angelegten Stadt auf rechteckigem Grundriss wurde im 12. Jh. begonnen. Sie war relativ klein und wurde durch hohe Mauern und von Wassergräben geschützt.

Weiter führt uns die Route in mehreren Haken an der **Landesburg Lechenich**, dem Wahrzeichen des Ortes, vorbei. Die zwischen 1307 und 1314 erbaute Burg beeindruckt durch seine mächtigen Mauern und einem 7 ha großen Park, der zu einer Rast einlädt. Die Burg kann nur nach vorheriger Anmeldung besichtigt werden. Über die L 162, die uns am Eingang des Schlossparks vorbeiführt, erreichen wir kurze Zeit später **Konradsheim**. Hier fahren wir rechts und vorbei an **Burg Konradsheim**, deren Gelände heute als Golfanlage genutzt wird. Die 1337 erstmalig urkundlich erwähnte Burg wurde im Lauf der Jahrhunderte zerstört. Erst nach dem

*Kürbiszeit in Lövenich*

## Tour 2

2. Weltkrieg wurde sie so wiederhergestellt, wie sie 1548 von Wilhelm von Haes aufgebaut worden war. Nach Überqueren des Rotbachs geht es links an diesem weiter bis zu seiner Mündung in die Erft.
Ab hier müssen wir bis zum Bahnhof Erftstadt radeln. Hierbei führt uns die Verbindungsroute durch **Blessem**, zuerst zur gleichnamigen **Burg Blessem** (14. Jh.) sowie in **Erftstadt** vorbei an **Schloss Gracht** (15. Jh., Umbau im 17. Jh.) mit seinem sehenswerten **Schlosspark** (17. Jh.), anschließend über die Bahnhofstraße zum **Bahnhof Erftstadt.**

*Burg Konradsheim*

### STRECKENBESCHREIBUNG

Vom Bahnhof Mechernich links← (B 477) Richtung Kall, dann rechts→ auf Radweg Richtung Kommern, nach einer Weile rechts→ „Mühlengasse", in den hist. Ortskern von **Kommern**, links← „Kirchberg" bergauf, geradeaus↑ über die B 477, geradeaus↑ auf der K 20 nach **Eicks.**
Hinter der Brücke rechts→, vorbei an **Burg Eicks**, rechts→ „Im Auel", an der **Eicksermühle** vorbei, an der Gabelung links←, ein schlechtes Wegstück bergauf (Wasserburgenroute). Rechts→ auf die K 10 nach **Schwerfen**, im Linksknick geradeaus↑. Hinter dem „Dörpstüffje" links← „An der Gülichs Burg", geradeaus↑ über die L 11, geradeaus↑ über die B 477, hinter dem **Grenicher Hof** auf einem Feldweg, in einem **Linksversatz** weiter, an der nächsten Gabelung links←. Bei Sinzenich rechts→ auf die L 178, an der Rechtskurve geradeaus↑ weiter, den Rotbach überqueren, weiter bis **Lövenich**.
In Lövenich rechts→, später links←, geradeaus↑ über die B 56, an **Haus Dürffenthal** vorbei, der Wegweisung Richtung Nemmenich folgen, hinter der Bahnbrücke links←, über den Rotbach, sofort rechts→ durch **Schnorrenberg**, die B 56 n unterqueren, dahinter der Wegweisung „Wasserburgenroute" folgend erst rechts→, dann links←, geradeaus↑ durch die **Eichenallee** auf bis **Haus Bollheim**.
Dort links← nach **Oberelvenich**, rechts→ durch „Kellerhofstr.", dann links←, später rechts→, entlang der L 162 nach **Niederelvenich**. Am Kreisel vorbei geradeaus↑, dann links← „Wilh.-Falkenberg-Str.", sofort rechts→ (Vorsicht: Wegweisung fehlt!), durch die T-30-Zone, an deren Ende erst rechts→ „Nordstr." und sofort links← auf den Feldweg. Die

## GPS TOUR 02

*Entlang des Rotbachs – Fachwerk, Burgen und Schlossparks*  26

### STRECKENBESCHREIBUNG

nächsten Kilometer geradeaus↑, in Höhe **Haus Pesch** links←, nächste Kreuzung rechts→ (fehlende Wegweiser!), weiter bis **Borr**. Dort rechts→ „Valderstr." (bzw. L 181) durch den Ort, im Linksknick der Straße geradeaus↑ weiter, an der kommenden Kreuzung in Höhe des Rückhaltebeckens links← (fehlende Wegweisung!). Dann rechts→ auf die L 181 nach **Niederberg**.
Links← in „Büchelstr.", im Rechtsknick weiter geradeaus↑, an der Burg vorbei, später geradeaus↑ bis **Friesheim**, dort links← „Weilerswister Str.", hinter dem Rotbach rechts→ auf einen schmalen Weg am Rotbach entlang. Danach im Rechtsversatz weiter, später über den Rotbach, nun auf der linken Seite weiter. Später geradeaus↑ über die Straße, danach links← auf schlechtem Wegstück zum **Lechenicher Mühlengraben**, dort rechts→, weiter nach **Ahrem**. Dort zuerst rechts→ (Vorsicht: Wegweiser fehlt!), am **Laacherhof** links← auf dem Feldweg entlang des Rotbachs in Richtung Lechenich, am Ortsbeginn zuerst geradeaus↑ die Straße queren, später in einem Rechtsversatz weiter bis „Bonner Str.", nun links← in die Ortsmitte von **Lechenich** einbiegen. Am Stadttor sofort rechts→ „Steinstr.", diese verschwenkt nach links←, rechts→ in „Schloßstr.", in Höhe der **Landesburg Lechenich** nach links←. Am Wegende rechts→ auf die L 162 „Frenzenstr.", vorbei am **Schlosspark-Eingang**, entlang des Radweges nach **Konradsheim**. Dort rechts→ „Am Golfplatz", vorbei an **Burg Konradsheim**; nach Überqueren des Rotbachs links←, weiter am Rotbach bis zu dessen **Mündung in die Erft**. (Streckenlänge: Mechernich – Rotbachmündung ca. 39 km).

Zum **Bahnhof Erftstadt** weiter den Erft-Radweg in Richtung Süden entlang, die Autobahn unterqueren, an der kommenden Gabelung links← in Richtung Blessem, dort an der Burg links←, vorbei an **Burg Blessem**, später über die B 265 hinweg, rechts→ „Köttinger Str.", links← „Carl-Schurz-Str.", in Höhe der Kirche rechts→ in den **Schlosspark** (**Schloss Gracht**), diesen später verlassen und weiter über „Grachtstr.", hinter dem Schlosspark links←, am Kreisel rechts→ „Bahnhofstr.", an der Tankstelle links←, bergauf, nach der ersten Unterführung rechts→ zum **Bahnhof Erftstadt**. (Verbindungsstück Rotbachmündung b. Blessem – Bahnhof Erftstadt ca. 6 km)

*Historischer Ortskern von Kommern*

Rückfahrt mit RE oder 2 Touren

## ADRESSEN UND INFORMATIONEN

### Sehenswürdigkeiten

**Rheinisches Freilichtmuseum Kommern**
Auf dem Kahlenbusch, 53894 Mechernich-Kommern
www.kommern.lvr.de

**Haus Dürffenthal**
53909 Zülpich-Ülpenich (privat)
www.duerffenthal.de

**Haus Bollheim**
Bollheimerstraße, 53909 Zülpich-Oberelvenich
Biol.-dynam. Landbetrieb mit Hofladen, geöffnet Di–Fr
9–13 h, 15–18 h, Sa 9–13 h
www.bollheim.de

**Burg Redinghoven**
Niederweg 66, 50374 Erftstadt-Friesheim
Öffnungszeiten für den Hofgarten: Mo, Di 8–12.30 h,
Mi–Fr –12.30 h und 14.30–18.30 h, Sa 8–13 h

**Burg Lechenich**
Schlossstraße, 50374 Erftstadt-Lechenich
Anmeldung bei Besichtigung unter Tel. 02235/95 30 41

**Burg Konradsheim**
Frenzenstraße 148, 50374 Erftstadt-Konradsheim

### Einkehrmöglichkeiten:

**Bauernhofrestaurant Burghofküche**
Wingert 52, 53894 Mechernich-Kommern,
Tel. 02443/91 17 77
Öffnungszeiten: Mo, Mi–Fr 10.30–14.30 h und ab 17 h
Sa, So 9–14.30 h und ab 17 h, Di Ruhetag

**Bauern-Café „Zur Zehntscheune"**
Inh. Fam. Voissel, Am Auel 1, 53894 Mechernich-Eicks,
Tel. 02443/31 59 83
www.cafezurzehntscheune-eicks.de
Öffnungszeiten: Mo, Mi–Fr 14–18 h, Sa, So 10–18 h,
Di Ruhetag

**Dörpstüffje**
Schwerfener Hauptstraße 32, 53909 Zülpich-Schwerfen,
Tel. 02252/29 97
http://www.kneipe.schwerfen.de/

**Westminster-Steakhouse**
Weilerswister Straße 13, 50374 Erftstadt-Friesheim,
Tel. 02235/7 75 42

**Landhaus Konradsheim**
Frenzenstraße 148a, 50374 Erftstadt-Konradsheim,
Tel. 02235/7 82 07

*Rotbachaue bei Nemmenich*

*Entlang des Rotbachs – Fachwerk, Burgen und Schlossparks*

# 3 Am Neffelbach

## Auen, Bäche und alte Tore

**AUF EINEN BLICK**

**Start:** Bahnhof Sindorf (Kerpen), Anfahrt mit der Bahnlinie S 12
**Ziel:** Bahnhof Euskirchen, Anfahrt mit den Bahnlinien RE 12, RE 22, RB 23 und RB 24
**Sehenswürdigkeiten:** Tagebaugebiet Frechen (Marienfeld), Kolping-Museum, Burg Bergerhausen, Kommandeursburg Blatzheim, Wüstung Oberbolheim mit Antonius-Kapelle, Schloss Nörvenich, Harff'sche Burg, Schloss Müddersheim, Wasserburg Hallenburg, Burg Sievernich, Bachtor in Zülpich, Museum der Badekultur
**Einkehrmöglichkeiten:** Landhauscafé Schlösser, Zum alten Brauhaus, Villa Sophienhöhe, Zum Neffeltal
**Länge der Strecke:** 54 km (Sindorf – Zülpich 40 km, Zülpich – Euskirchen 14 km)
**Schwierigkeitsgrad:** eher leicht; einige meist kürzere Anstiege
**Charakteristik:** gut ausgeschilderte Tour, mit einigen Ausnahmen gut befahrbar, nur bedingt anhängertauglich, für geübte Kinder jedoch geeignet. Ein geländegängiges Fahrrad wird empfohlen.
**Ausschilderung:** Die Tour ist ausgeschildert mit Fahrradwegweisern nach der landesweiten Radwegweisung NRW, mit dem Logo „Tälerroute Neffelbach" sowie mit dem Logo der „Wasserburgenroute".

**GPS TOUR 03** abrufbar unter www.bachem-verlag.de

*Vorherige Seite: Herbststimmung am Neffelbach*

DIESE TOUR verläuft vom Kerpener S-Bahnhof Sindorf entlang der Erft und später durch das Naturschutzgebiet Kerpener Bruch, ab dort folgen wir dem Bachverlauf flussaufwärts über Kerpen, Blatzheim und Nörvenich mit seinem Fliegerhorst bis Zülpich. Der Bach fließt durch die stark agrarisch geprägte Zülpicher Börde, lediglich das steile Ostufer weist typische Bachvegetation auf. Neben einigen Wasserburgen, Ruinen und Parkanlagen gibt es an unserem Zielort, der ehemaligen Römerstadt Zülpich, genügend Sehenswertes.

*Erft-Radweg im Kerpener Bruch*

## Am Neffelbach – Auen, Bäche und alte Tore

## Tour 3

*Der Neffelbach entspringt in den Eifelausläufern bei Nideggen-Wollersheim und fließt in Zülpich durch den Kreis Euskirchen, in Nörvenich durch den Kreis Düren bis Kerpen im Rhein-Erft-Kreis. Nach 40 km mündet der Neffelbach im Kerpener Bruch in die Erft. Auffällig ist die Asymmetrie des Bachtales: Das Westufer ist flach, während das Ostufer steil ansteigt, ein Ergebnis der in Richtung Nordosten abgesunkenen Erftscholle. Der Bach wurde dabei nach Osten abgedrängt, sein Ostufer unterschnitten und ein Steilufer ausgebildet; dieses ist deshalb meist mit Wald oder Buschwerk bewachsen. Auf den Lössböden der Westflanken prägen Rüben- und Weizenfelder das Landschaftsbild. Im Kreis Düren steht die gesamte Neffelbachaue unter Landschaftsschutz, im Kerpener Bruch unter Naturschutz.*

Auf dieser Tour können wir fast der gesamten Strecke der Wegweisung „Tälerroute Neffelbach" Richtung Rur folgen. Zuerst geht es durch die **Naturschutzgebiete Parrig** und **Kerpener Bruch**. Hier sehen wir Restbestände der früher weit verbreiteten Hartholzauen aus Eichen, Ulmen und Erlen in der Flussniederung der Erft, oder genauer des heutigen Erftflutkanals. Starke Grundwasserabsenkungen, ausgelöst durch den Braunkohleabbau, haben in der Region an Gebäuden und im Naturhaushalt Spuren hinterlassen, kana-

*Spätsommeridylle bei Kerpen*

*Am Neffelbach – Auen, Bäche und alte Tore* 32

lisierte Vorfluter prägen das Landschaftsbild. Mit Erreichen der Landstraße lohnt ein Abstecher links zum ehemaligen Tagebaugebiet Frechen, das mit dem Papstbesuch in 2005 im **Marienfeld** weltweit bekannt wurde. Hierbei passieren wir **Burg Mödrath**, die heute als Residenz des Immobilienmaklers und „Burgenkönigs" Hillebrand dient. Der **damalige Ort Mödrath** selbst wurde wegen des Tagebaus verlegt.

Nach diesem Abstecher geht es zurück zur Landstraße, die Route führt uns kurz vor der Autobahn über Feldwege zum **heutigen Kerpener Stadtteil Mödrath**, ab hier folgen wir dem Verlauf des Neffelbachs entlang des Schulzentrums bis zur Bundesstraße. Dort lohnt ein Abstecher nach links zum Geburtshaus und heutigen Museum des Sozialreformers und Gesellenwerkgründers **Adolf Kolping**. Die Route führt nun entlang des Neffelbachs, der sich in diesem Abschnitt als Rinnsal präsentiert, flussaufwärts über **Langenich** zur erstmals im 14. Jh. erwähnten **Burg Bergerhausen**, deren bauliche Änderungen im 19. Jh. erfolgten. Heute ist die Burg im Besitz der Familie Stollenwerk und wird für zahlreiche Veranstaltungen genutzt. Kurze Zeit später liegt auf der gegenüberliegenden Bachseite im Ortsteil **Blatzheim** eine Kommandeursburg, eine von einem Wassergraben umschlossene Viereckanlage aus dem 16./17. Jh. Sie diente als Landsitz und Wirtschaftshof, heute kann man die umfas-

*Kommandeursburg Blatzheim (o.) und Schloss Nörvenich (u.)*

send restaurierten Räume für Veranstaltungen mieten.
Am Abzweig zur **Villa Sophienhöhe**, einem Gründerzeitbau der Jahrhundertwende, fahren wir durch den Kelzer Busch und können hier die typische Vegetation des asymmetrischen Neffelbachs bestaunen, die der ausgeräumten Bördenlandschaft ihren besonderen Charakter verleiht. Wir kommen nach **Niederbolheim** und fahren dann abseits des Baches entlang der Bundesstraße bis zur Zufahrt des **Fliegerhorstes Nörvenich**. Der dort sichtbare Kirchturm der **Antonius-Kapelle** ist ein Überbleibsel des ehemaligen Ortes Oberbolheim, der wegen des Fliegerhorstes aufgegeben wurde. Nun kommen wir wieder zum Neffelbach und folgen ihm auf der Ostseite und später weiter durch den Park bis nach **Nörvenich**.
Die am Ortsrand gelegene Wasserburganlage bestand in ihren Ursprüngen bereits um 1400 als „Gymnicher Burg", während die heutige Anlage mit dem Schlosspark erst im 16.–18. Jh. errichtet wurde und heute als Kulturzentrum dient. Später sehen wir eine weitere Burg, die aus dem Anfang des 16. Jh. stammende **Harff'sche Burg,** die jedoch seit 1880 unbewohnt ist, danach immer mehr verfiel und heute eine Ruine ist. Unsere weitere Route verläuft an Bauerngärten vorbei entlang des Baches über **Hochkirchen** nach **Eggersheim**, wo sie das Tal verlässt und auf die Höhen bei Poll führt. Vorbei an einer alten Landmarke mit Wege-

*Lohnt eine Rast – Burg Bergerhausen*

*Am Neffelbach – Auen, Bäche und alte Tore* 34

kreuz geht es am Waldrand weiter und kurz vor **Gladbach** bergab in das Neffelbachtal. Dort verläuft der kommende Abschnitt auf einem schmalen Weg, später geht es wieder bergauf und weiter nach **Müddersheim**.

Etwas abseits der Route liegt das im 18. Jh. errichtete Schloss, das sich im Besitz der Familie Geyr von Schwep-

*Wasserburg Müddersheim*

penburg befindet. Am Ende der Lindenallee stoßen wir auf die aus dem 17. Jh. stammende **Antonius-Kapelle**, die der Familie als Begräbnisstätte dient.

Nach unserem Abstecher zum Schloss geht es zurück in den Ort, wo uns die Route am Ortsende rechts am Waldrand entlangführt. Hinter dem **Gestüt Schlenderhan** passieren wir rechts die **Hallenburg**, eine im 16. Jh. errichtete und zuletzt 1965 renovierte Anlage, die heute als Managementzentrum genutzt wird. Hinter der Burg geht es abseits der Bundesstraße nun über freies Feld zum Ortsrand von **Sievernich**. Die dort liegende **Burg** aus dem 15. Jh. beherbergt heute ein Trakehner-Gestüt.

Wir orientieren uns an der Wegweisung der „Tälerroute Neffelbach" und erreichen in Höhe des Mönchhofs die Straße nach **Bessenich**. Hinter dem Ort geht es über die Bahngleise an einer 130 Jahre alten **Papierfabrik** vorbei, später durch eine schöne **Eichenallee** bis zur Bachsteinwegstraße, von dort durch das **Bachtor** und am **Markt** vorbei in die Fußgängerzone von **Zülpich**. In dieser Stadt lohnt ein längerer Aufenthalt, um sowohl die Geschichte der Römer und Franken als auch die Bedeutung Zülpichs im Mittelalter sowie das in der Bundesrepublik einmalige **Museum der Badekulturen** (Am Mühlenberg) kennenzulernen, das im Sommer 2008 eröffnet wird. Ein Museum, das einen umfas-

# Tour 3

## Am Neffelbach – Auen, Bäche und alte Tore

senden Überblick über die Badekultur und die Badegewohnheiten fremder Kulturen gibt, gab es bisher nicht. Mit der Komplettsanierung des Probsteimuseums mitsamt der römischen Therme wurde der museale Gebäudekomplex erweitert, wobei neben der römischen Badekultur auch der mittelalterliche Waschzuber, das Waschen und Reinigen zu Zeiten der industriellen Revolution sowie der neuzeitliche

*Das Bachtor in Zülpich*

## STRECKENBESCHREIBUNG

Vom Bahnsteig der S-Bahn **links**← Richtung **NSG Parrig**, an der Gabelung **rechts**→ (1 km), später **links**←, die Erft entlang, **links**← über den Erftbach, dahinter **rechts**→, **geradeaus**↑ weiter zur L 162 (Bushaltestelle Abzw. Götzenkirchen), dort **rechts**→ auf dem Radweg weiter. Vor der Autobahn **rechts**→, an der zweiten Kreuzung im Feld **links**←.
Die L 122 queren, in einem **Rechtsversatz** weiter, vorbei am Kerpener Schulzentrum, an der Ausfahrt von Mc Donald die B 264 überqueren und **rechts**→ bis **Langenich**, an Haltestelle **links**←, später **rechts**→, weiter **geradeaus**↑ bis **Burg Bergerhausen**.
Durch das „Sündenwäldchen" weiter am Neffelbach bis **Blatzheim** (**Kommandeursburg**). Weiter **geradeaus**↑, am Abzweig Villa Sophienhöhe **halblinks**← (Kelzer Busch). Später **rechts**→, durch „Dorfstr." in **Niederbolheim**, am Ortsende **links**← auf den Radweg der B 477. Später **links**← Richtung **Fliegerhorst Nörvenich**, in Höhe der Abzweigung **links**← parallel zur Zubringerstraße zum Neffelbach, **rechts**→ unter der Straße hindurch, später auf der linken Uferseite weiter. Nach Unterqueren der L 263 entlang des Parks bis **Nörvenich**.
Dort **links**← „Am Kreuzberg", dann **rechts**→ „Hardtstr.", noch einmal **rechts**→ (Altenheim Kariamaden; „Promenadenweg"), ein weiteres Mal **rechts**→, hinter der Brücke **links**← und weiter am Neffelbach über **Hochkirchen** nach **Eggersheim**, dort zuerst **links**←, dann **rechts**→ „Im Wiesengrund". Nun kurz bergauf, später **rechts**→. Bergauf, dann leicht **rechts**→ über freies Feld. Am Wegekreuz auf der Landmarke **rechts**→ bis zum Sportplatz, dort **links**← um den Platz herum, später wieder

links←, am Waldrand entlang, am Wegende rechts→ bergab nach **Gladbach** ("Petrusstr."). Kurz nach Querung des Neffelbachs links← weiter. Am Wegende links←, nun bergauf, an der nächsten Kreuzung rechts→, über die Schnellstraße (L 33), weiter nach **Müddersheim**. An der Gabelung links← "Am Regensbusch", am Ende der Straße rechts→ am Waldrand entlang. Hinter dem **Gestüt Schlenderhan** rechts→, unmittelbar nach Passieren der **Burg Disternich** vor der B 477 links←. In einem Rechtsversatz weiter geradeaus↑, unter der Schnellstraße (L 264) hindurch bis zum Ortsrand von **Sievernich**, dort links←, der Wegweisung folgend an der Gabelung rechts→, im spitzen Winkel rechts→ "Rövenicher Str.", die nächste Straße links←, dann rechts→, am Mönchhof links← auf die Straße nach **Bessenich**. Am Ortsende weiter geradeaus↑, an der Papierfabrik über die Bahngleise, zum Neffelbach, dort links←, unter der Schnellstraße hindurch, dann rechts→ durch die Eichenallee, links← auf "Bachsteinwegstraße", bergan durch das **Bachtor**, am **Markt** vorbei in die Fußgängerzone von **Zülpich**.

**WEGBESCHREIBUNG ZÜLPICH – EUSKIRCHEN**
Durch das **Münstertor** links← "Frankengraben", diesen geradeaus↑ verlassen, an der Schule vorbei, später rechts→, nun bergab, über die L 162 in Richtung **Ülpenich**. In Höhe von **Haus Dürffenthal** links←, unter der Bahn hindurch, dort rechts→, weiter parallel zur Bahn, an der Kreuzung "Bleibach" links←, leicht bergan, die L 61 queren (!), später hinter der A 1 links← Richtung Weilerswist, in Höhe der "So-da-Brücke" rechts→, vorbei an der Militärgeografischen Station, später geradeaus↑ über "Rüdesheimer Ring", weiter geradeaus↑ über "Winkelpfad" und "Chlodwigstr.", dann links← durch "Martinsgasse", die "Frauenberger Str." überqueren und auf den Kirchturm zufahren. Dort rechts→, dann links← zum **Markt** von **Euskirchen**. Weiter durch die Fußgängerzone (absteigen!), später halbrechts→ bergan schieben und am Busbahnhof geradeaus↑ auf das Bahnhofsgebäude zu.

*Harff'sche Burg bei Nörvenich*

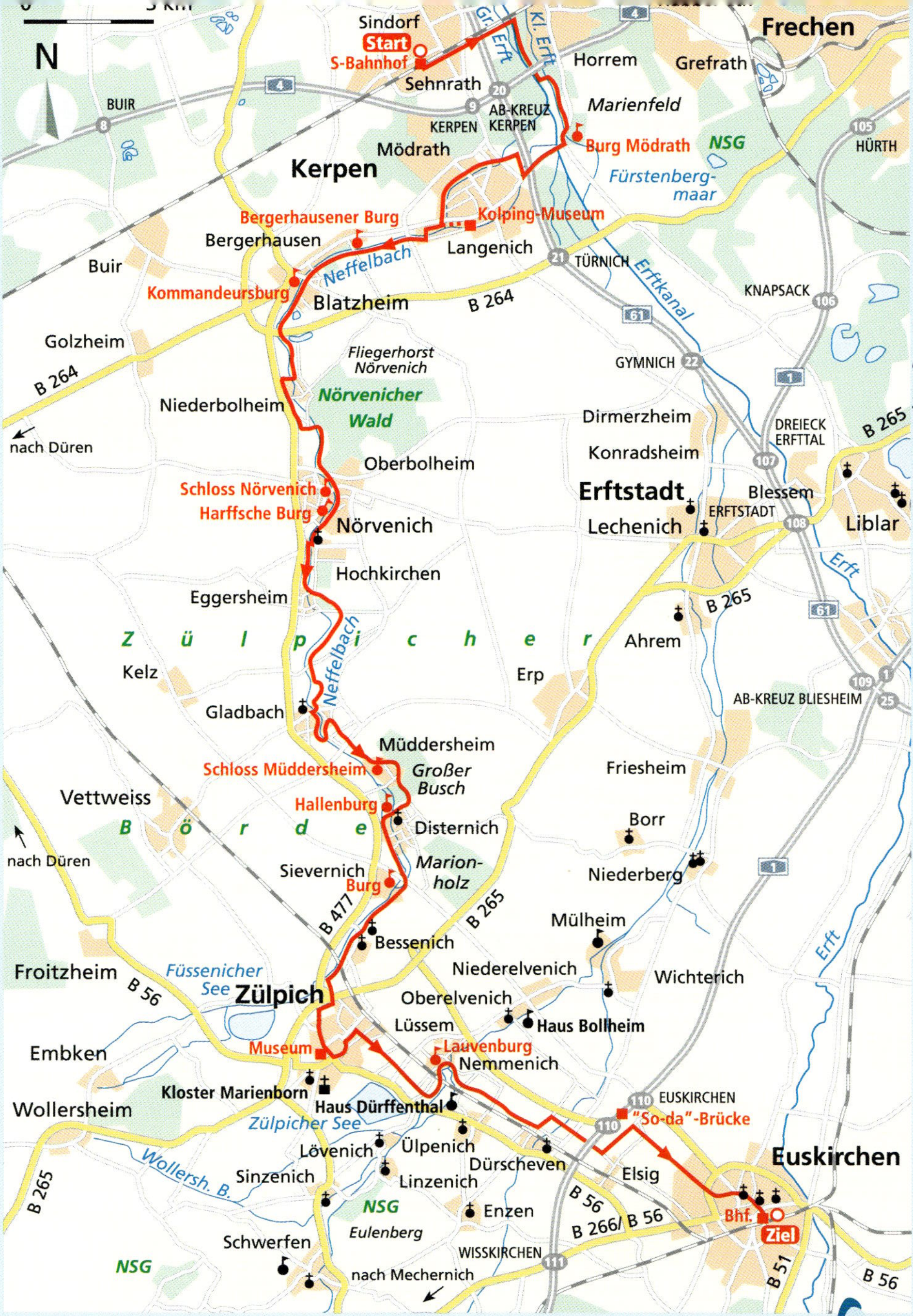


2 Touren

GPS TOUR 03

3

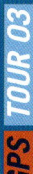

# 3
## ADRESSEN UND INFORMATIONEN

Am Neffelbach – Auen, Bäche und alte Tore  38

## Sehenswürdigkeiten

**Kolping-Museum**
Obermühle 21, 50171 Kerpen,
Tel. 02271/37 28

**Burg Bergerhausen**
50171 Kerpen-Bergerhausen
www.burg-bergerhausen.de

**Kommandeursburg**
Dürener Straße 231, 50171 Kerpen-Blatzheim
www.kommandeursburg.de

**Schloss Nörvenich**
Burgstraße, 52388 Nörvenich
Sonderführungen (Mai bis September) unter
Tel. 02426/46 32

**Römerstadt Zülpich**
mit mittelalterlichen Stadttoren, Probsteimuseum,
Römermuseum und Museum für Badekultur
Am Mühlenberg 7, 53909 Zülpich, Tel. 02252/5 22 84
Der Museumskomplex wird voraussichtlich im August
2008 wiedereröffnet.
www.stadt-zuelpich.de,
www.roemerthermen-zuelpich.de

## Einkehrmöglichkeiten

**Landhauscafé Schlösser**
Zum Parrig 1, 50171 Kerpen-Mödrath,
Tel. 02237/28 22, landhauscafe@web.de
Küche geöffnet Mo–Fr ab 18 h, Sa ab 14 h,
So + feiertags ab 11.30 h, mit Biergarten

**Villa Sophienhöhe**
Inh. Kai-Uwe Kronberg, Sophienhöhe 1, 50171 Kerpen,
Tel. 02275/92 28 10
jeden 1. So im Monat Lunchbuffet

**Zum Neffeltal**
Petrusstraße 30, 52391 Vettweiß-Gladbach,
Tel. 02424/9 01 12

*Der Neffelbach bei Niederbolheim*

**Oleftal und Veybachtal** – *Aquädukte, Eisenhütten und Ritterspiele*

# 4 Oleftal und Veybachtal

## Aquädukte, Eisenhütten und Ritterspiele

**AUF EINEN BLICK**

**Start:** Busbahnhof Hellenthal, Anfahrt mit RE 12, RE 22 und RB 24 bis Kall, ab dort mit Bus-Linie 829 (begrenzte Mitnahmemöglichkeit!) oder mit der Oleftalbahn bis Schleiden / Blumenthal
**Ziel:** Bahnhof Euskirchen, Anfahrt mit RE12, RE 22, RB 23 und RB 24
**Sehenswürdigkeiten:** Hütte und Hammer Blumenthal, Zöllerplatz in Oberhausen, hist. Ortskern Olef, Römerkanal, Aquäduktbrücke in Vussem, Katzensteine, Burg Satzvey, Burg Veynau, Alte Tuchfabrik
**Einkehrmöglichkeiten:** Aktivpark Kall, Urfter Hof, Kronenberg, Zur Schneidmühle, Jägerhof, Café „Im Höfchen"
**Länge der Strecke:** Teilstück Hellenthal – Bf Kall 18 km, Teilstück Bf Kall – Bf Euskirchen 35 km (Diese Tour kann in Kall oder Urft unterbrochen werden)
**Schwierigkeitsgrad:** mittel; eine größere Steigung zwischen Urft und Hövelshof
**Charakteristik:** wenige nicht asphaltierte Abschnitte; für Anhänger geeignet. Olef-Route: leicht, fast autofrei; gut zu kombinieren mit Tour 5 (Urfttal-Route). Veybach-Route: ein Anstieg, einige mäßig bis stark befahrene Straßen
**Ausschilderung:** Die Tour ist ausgeschildert mit Fahrradwegweisern nach der landesweiten Radwegweisung NRW, mit den Logos der „Tälerroute Olef", „Tälerroute Veybach" sowie im Schlussabschnitt mit dem Logo der „Wasserburgenroute".

**GPS TOUR 04** abrufbar unter www.bachem-verlag.de

*Vorherige Seite: Im reizvollen Oleftal bei Oberhausen*

DIESE TOUR verläuft entlang der Olef flussabwärts auf sehr ruhigen Wegen, ab Gemünd geht es dann entlang der Urft flussaufwärts bis zum gleichnamigen Ort. Nun muss ein Berg erklommen werden, dafür dürfen wir ab Keldenich wieder bergab entlang des Feybachs radeln und passieren dabei Reste der römischen Wasserleitung. Auf einer stärker befahrenen Straße geht es dann ab Mechernich weiter an den Felsformationen der Katzensteine vorbei. In Satzvey passieren wir entlang des Veybachs die Burganlage und später die Burg Veynau. Kurz vor dem Ziel führt die Tour an einer alten Tuchfabrik vorbei.

Die Olef ist ein 21 km langer Nebenfluss der Urft in der Eifel im Kreis Euskirchen gelegen. Die Quelle liegt im Zitterwald in der Nähe von Hollerath. Hinter der Oleftalsperre fließt sie durch Hellenthal und Schleiden, bis sie in Gemünd in die Urft mündet. Seit dem Mittelalter zählte das Oleftal zu den bedeutendsten Standorten der deutschen Eisenindustrie; die lokalen Eisenerzvorkommen wurden in den Eifeltälern verarbeitet, während die Eisenhütten und Hammerwerke entlang der Olef die dafür nötige Energie lieferten.

Der Veybach (Feybach) ist ein 21 km langer Zufluss der Erft. Er entspringt in Urfey bei Mechernich, fließt durch Vollem, Eiserfey, Vussem, Breitenbenden, Katzvey, vorbei an den Katzensteinen, durch Satzvey, Wisskirchen, Euen-

## Oleftal und Veybachtal – Aquädukte, Eisenhütten und Ritterspiele

heim und schließlich durch die Innenstadt von Euskirchen, bevor er in den Erftauen in die Erft mündet. Wie an einigen Straßennamen und Ortsbezeichnungen zu erkennen ist, ändert sich ab dem Mittellauf die Schreibweise des Baches (Feybach im Oberlauf, Veybach im Unterlauf). In Euskirchen ist der Bach auf einer Länge von mehreren Hundert Metern überbaut; die Veybachstraße sowie das Einkaufszentrum Veybachcenter erinnern jedoch an seinen Verlauf. Die Quelle des Veybachs wurde schon von den Römern zur Speisung der Eifelwasserleitung nach Köln genutzt, einige Aufschlüsse und Reste der römischen Wasserleitung sind entlang des Veybachtals zu sehen.

Vom **Busbahnhof** in **Hellenthal** geht es zuerst über die Bundesstraße, diese verlassen wir wenig später und fahren über das Gleis der ehemaligen Oleftalbahn flussabwärts nach **Blumenthal**. Die ehemaligen Hütten und Hämmer entlang der Olef, die Mitte des 15. Jh. errichtet wurden, existieren heute nicht mehr. Hier in Blumenthal sind jedoch noch Teile, die sogenannten Reidtwerke, erhalten. Nachfolgebetriebe wie Schmieden oder Drahtziehereien prägen das Bild dieses Eifeltales. Die dichte Besiedlung, zahlreiche Fabrikgebäude sowie die Erschließung mit der Bahnlinie dokumentieren die wirtschaftliche Bedeutung des Oleftals. Auf der 1997 stillgeleg-

*Das Oleftal lädt zu einer Rast ein*

*Oleftal und Veybachtal – Aquädukte, Eisenhütten und Ritterspiele*

ten Bahnstrecke fahren seit 2005 in den Sommermonaten zwischen Kall und Schleiden wieder Nostalgiezüge. Eine Verlängerung der Weiterfahrt bis Blumenthal ist das Ziel der Betreiber.

Nach Queren der Steinbrücke erreichen wir den Zöllerplatz mit seinem Fachwerkensemble in **Oberhausen**, bevor es in den Hauptort der Eifelgemeinde **Schleiden** mit seinem markanten Schloss und der im 16. Jh. erbauten Schlosskirche weitergeht. Wenig später erreichen wir **Olef**, eine der ältesten Eifel-Pfarreien, geprägt von sehenswerten zweigeschossigen Fachwerkbauten inmitten des von der Oleftalbahn durchquerten Platzes. Wir verlassen dieses Idyll über ruhige Wege und fahren auf den Kneippkurort **Gemünd** zu (ab hier ➔ **Anschluss Tour 5** nach **Heimbach**). Hinter **Mauel** öffnet sich das **Tal der Urft** (Wegweisung „Tälerroute Urft"), über **Anstois** gelangen wir flussaufwärts nach **Kall**. Hier kann die Tour abgebrochen beziehungsweise aufgenommen werden.

Vom **Bahnhof Kall** geht es weiter entlang der Tälerroute Urft über **Sötenich**, später vorbei am Zementwerk und am Klärwerk bis zur **Urfter Mühle**. Hier queren wir das Bahngleis und stehen kurz darauf vor dem Hoftor der **Burg Dalbenden**. Die aus dem 13. Jh. stammende Burg diente im Mittelalter vor allem dem Schutz der Eisen verarbeitenden Betriebe sowie im 2. Weltkrieg dem Westfront-Generalstab der Wehrmacht als Domizil. Hier befindet sich an der L 204 (Vor-

*Burg Veynau (o.) und Burg Satzvey (u.) – zwei bedeutende Burgen im Rheinland*

sicht: sehr schneller Kfz-Verkehr!) am Berghang ein **Aufschluss der römischen Wasserleitung**. Mit der ca. 100 km langen römischen Wasserleitung von Nettersheim nach Köln dokumentierten die Römer ihr damaliges technisches Können. Der Bau und die Auswahl des Verlaufes haben Meilensteine in der Ingenieurstechnik gesetzt. Nun geht es auf der Straße weiter und in Höhe des **Schullandheimes Dalbenden** auf einem Radweg bergauf nach Keldenich. Ab hier lassen wir uns nun autofrei bergab durch das **Königsfelder Tal** entlang des Oberlaufes des Feybachs bis **Urfey** rollen und von dort entlang der K 32 weiter über **Vollem** nach **Eiserfey**. Hier queren wir die Bundesstraße und fahren links in die Straße „Am Römerkanal", hier befindet sich ein weiterer **Aufschluss der römischen Wasserleitung**. Ab Vussem müssen wir auf der zum Teil stark befahrenen Bundesstraße weiterradeln. Allerdings lohnt sich in Höhe der Bushaltestelle ein Abstecher zum **Teilstück der rekonstruierten römischen Aquäduktbrücke**. Diese wurde 1959 ausgegraben; hier war zu römischer Zeit ein ca. 80 m langer, auf 10 bis 12 Pfeilern geführter Aquädukt, in dem das Wasser über den Altebach, einem Nebental des Feybachs, geführt wurde.

Nachdem wir die Wunderwerke römischer Ingenieurskunst bestaunt haben, geht es weiter auf der B 477 nach **Breitenbenden**. Am Ortsende radeln wir an der Gabelung links und

*Von Weitem zu erkennen: St. Johann Baptist in Olef*

auf einem Radweg bergauf weiter in Richtung Mechernich. Am Kreisel geht es rechts weiter und bergab in Richtung Satzvey vorbei an **Burgfey** und **Katzvey** auf der L 61. An den Ortsnamen erkennt man nun die geänderte Schreibweise des Bachnamens. Unmittelbar an der Straße befinden sich stark zerklüftete Köpfe eines 15 m hoch aufragenden Buntsandsteinmassivs mit Überhängen, die sogenannten **Katzensteine**. Diese Steine verdanken ihre Form sowohl den Verwitterungsprozessen als auch den Steinbruchtätigkeiten der Vergangenheit. Später verlassen wir die zeitweise recht stark frequentierte L 61 und biegen links nach **Satzvey** ein. Hier passieren wir eine aus dem 12. Jh. stammende Wasserburgenanlage, die heute im Besitz der Gräflichen Familie Beissel von Gymnich ist und die mit zahlreichen Events z. B. Ritterspiele und mittelalterliche Märkte die Burg überregional bekannt gemacht hat. Das Burggelände kann besichtigt werden.

Nach der Ortsdurchfahrt von Satzvey folgen wir der Wasserburgenroute, nun leicht bergauf. Hier können wir bei klarer Sicht weit auf die Zülpicher Börde schauen; vor uns liegt bereits ein weiteres Kleinod, Burg Veynau. Diese erreichen wir mit Verlassen der L 11 in Höhe der Bushaltestelle bergab nach rechts. Die 1340 erbaute Wasserschlossanlage **Burg Veynau** zählt zu den eindrucksvollsten und bedeutendsten Burgen im Rheinland. Heute hat in der Burganlage eine Me-

*Alte Tuchfabrik in Euskirchen*

# Tour 4

## Oleftal und Veybachtal – Aquädukte, Eisenhütten und Ritterspiele

dienwerkstatt ihr Domizil.

An der Schranke geht es links unter der Autobahn hindurch, nun auf einem etwas holprigen Wegabschnitt neben den Bahngleisen an einer Pferdekoppel vorbei. Am Bahnübergang geht es links ab nach **Wißkirchen**, dort fahren wir rechts weiter auf der ausgeschilderten Route in Richtung Euskirchen.

In **Euenheim** müssen wir rechts abbiegen, an der nächsten Kreuzung links in die Rheinstraße, später rechts die Ringstraße bergab zum Eingang der **Alten Tuchfabrik** radeln. Die ausgedehnten Industriehallen (Shedhallen) mit ihrer charakteristischen Dachform, die im Inneren blendungsfreies Tageslicht ermöglicht, sowie das Kesselhaus des 1850 entstandenen hochgeschossigen Gebäudekomplexes fallen besonders auf. Das Werk musste 1982 als letzte und größte Euskirchener Tuchfabrik schließen, die Gebäude wurden restauriert und als Wohn-, Büro- und Lagerfläche vermietet. Weiter geht es links auf einem schmalen Weg entlang des Veybachs, den wir später queren. Wir fahren durch einen Stadtpark an einem Schulzentrum vorbei und erreichen ein verkehrsberuhigtes Wohngebiet; nun radeln wir weiter bis zum nächsten Stadtpark. Der Weg endet in einem Kreisel, dahinter fahren wir geradeaus weiter durch die Alleenstraße zum **Bahnhof Euskirchen**, dem Ende unserer erlebnisreichen Tour.

## STRECKENBESCHREIBUNG

Vom **Busbahnhof Hellenthal** die B 265 in nördliche Richtung, links „Im Kirschseiffen", hinter dem Gleis rechts, weiter bis **Blumenthal**, die Olef überqueren, weiter nach **Oberhausen**, über die Steinbrücke, am „Zöllerplatz" links, geradeaus durch das Gewerbegebiet (links hinter der Leitplanke!), am Ende der „Dronkestr." rechts, sofort links „Im Auel". Die „Arembergstr." überqueren, links über die Olef, in den Ortskern von **Schleiden**, dort rechts „Sleidanusstr.", am Rathaus / VR-Nordeifel-Bank links, rechts in „Monschauer Str.", am Kreisel geradeaus über die Olef, am **Haltepunkt Schleiden** „Oleftalbahn" links in „Poensgenstr". In Höhe der ehem. Panzerverladerampe bergauf, am Scheitelpunkt links (Vorsicht: steile kurvige Abfahrt!), hinter dem Gleis sofort rechts in den hist. **Ortskern von Olef**. Am Dorfplatz rechts, dann links weiter, später mit einigen Versetzen weiter bis **Gemünd**. Dort in Höhe des Kreisels rechts, die B 266 queren und geradeaus in den Ortskern von **Gemünd**.

Rechts am Mündungsbereich Olef/Urft, an der **Trinitatiskirche** vorbei, rechts, dann links, die B 265 überqueren weiter nach **Mauel**. Später die B 266 überqueren und auf der rechten Seite (separate Führung) weiter, in Höhe Anstois rechts Bahngleis und Urft überqueren, dahinter links, vorbei am Sportcenter. Am Ende der Straße „Im Auel" links, am Kreisel rechts, zum **Bahnhof Kall**. Am Kreisel rechts, dann links, am Zentrum für Medienausbildung links, weiter nach **Sötenich**, dort rechts auf die L 203, bergan, dann links, bergan bis in Höhe des Zementwerkes, dahinter bergab, vorbei am Klärwerk, hinter der **Urfter Mühle** links über das Bahngleis, hinter

# 4 GPS TOUR 04

*Oleftal und Veybachtal – Aquädukte, Eisenhütten und Ritterspiele* 46

## STRECKENBESCHREIBUNG

**Burg Dalbenden** rechts→ auf die L 204 (!), auf dieser bis zum **Schullandheim Haus Dalbenden**. An der Kreuzung links← die L 22 bergauf, oben links← auf die L 206, kurz vor Keldenich links← in den Ort, geradeaus↑, später rechts→ „Talweg", am Ende rechts→, unter der L 206 hindurch, bergab durch das „Königsfelder Tal" bis **Urfey**, im Ort links←, später im spitzen Winkel rechts→ auf die K 32. Vorbei durch **Vollem** bis nach **Eiserfey**, geradeaus↑ über die B 477, später links← „Am Römerkanal", weiter bis **Vussem**, dort rechts→ auf die B 477. Weiter geradeaus↑ bis **Breitenbenden**, durch den Ort, links← auf der B 477 in Richtung Mechernich, nun bergauf. Am Kreisel rechts→ in Richtung Satzvey, nun wieder bergab, weiter geradeaus↑ auf der L 61, vorbei an **Burgfey** und **Katzvey** (an der Straße geolog. Aufschlüsse der Katzensteine). Später links← über die Bahngleise nach Satzvey, vorbei an Burgeinfahrt, auf K 38 durch den Ort, am Ortsende rechts→ „Gartzemer Str.", nochmals rechts→ (Wasserburgenroute), leicht bergauf zur L 11, später in Höhe Bushaltestelle „Abzweig Veynau" rechts→, bergab zur **Burg Veynau**.

An der **Burganlage** vorbei, vor der Schranke links←, unter der A 1 hindurch, weiter geradeaus↑ neben den Bahngleisen bis zur Pferdekoppel bei Wißkirchen, dort links←, rechts→ und am Bahnübergang links←, nach **Wißkirchen**, dort rechts→ „Trotzenberg".

In Fahrtrichtung geradeaus↑ „Alte Landstr.", mit einigen Versetzen durch **Euenheim**, an „Euenheimer Str." rechts→ abbiegen, die nächste Kreuzung links← „Rheinstr.", weiter geradeaus↑; später rechts→ die „Ringstr." bergab zum Eingang der **Alten Tuchfabrik**, dort links← auf einem schmalen Weg entlang des **Veybachs**, die Bördebahn unterqueren, den Veybach queren, auf der rechten Uferseite weiter, am „Marktkauf" die Straße queren, durch einen **Park**, entlang der Wegweisung zuerst rechts→, dann am Spielplatz links←, vorbei am „Schulzentrum", durch ein verkehrsberuhigtes Wohngebiet, links← „Im Auel", dann wieder rechts, weiter durch den **Ruhrpark**. Der Stadtparkweg endet an einem Kreisel, dort geradeaus↑ in die „Alleenstr." zum **Bahnhof Euskirchen**.

*Wassergraben der Burg Veynau*

2 Touren



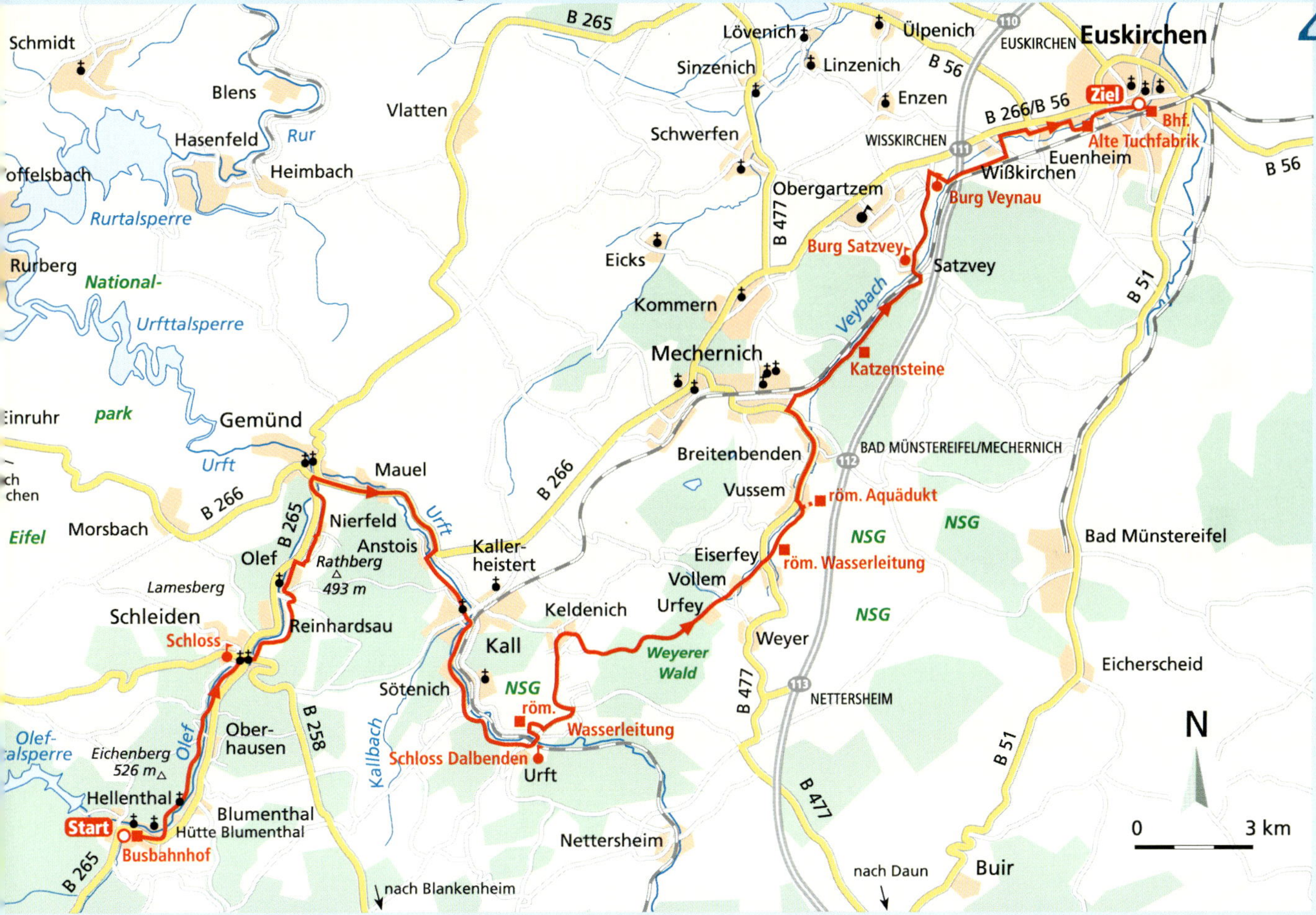

Schmidt
Blens
Vlatten
Hasenfeld
Rur
Heimbach
offelsbach
Rurtalsperre
Rurberg
National-
Urfttalsperre
park
Einruhr
Gemünd
Urft
ch
chen
B 266
B 265
Eifel
Morsbach
Olef
Lamesberg
Schleiden
Schloss
Reinhardsau
Mauel
Nierfeld
Anstois
Rathberg
493 m
Urft
Kaller-
heistert
Kall
Keldenich
Sötenich
NSG
röm.
Wasserleitung
Schloss Dalbenden
Urft
Kallbach
Ober-
hausen
B 258
Olef-
talsperre
Eichenberg
526 m
Olef
Hellenthal
Start
Busbahnhof
Blumenthal
Hütte Blumenthal
B 265
nach Blankenheim
Nettersheim
B 265
Lövenich
Ülpenich
Sinzenich
Linzenich
Enzen
B 56
110
EUSKIRCHEN
Euskirchen
Ziel
Bhf.
Alte Tuchfabrik
B 266/B 56
WISSKIRCHEN
111
Euenheim
Wißkirchen
B 56
Schwerfen
Obergartzem
B 477
Burg Veynau
Burg Satzvey
Satzvey
Eicks
Kommern
Veybach
B 51
Mechernich
Katzensteine
B 266
BAD MÜNSTEREIFEL/MECHERNICH
112
Breitenbenden
Vussem
röm. Aquädukt
NSG
NSG
Eiserfey
röm. Wasserleitung
Vollem
Urfey
NSG
Bad Münstereifel
Weyerer
Wald
Weyer
B 477
113
NETTERSHEIM
Eicherscheid
B 51
B 477
N
0
3 km
nach Daun
Buir

## Sehenswürdigkeiten

**Burg Satzvey**
An der Burg, 53894 Mechernich-Satzvey
www.burgsatzvey.de

**Alte Tuchfabrik**
Josef-Ruhr-Straße 30, 53881 Euskirchen-Euenheim
www.alte-tuchfabrik.com

## Einkehrmöglichkeiten

**Aktivpark Kall**
Auelstraße 40, 53925 Kall, Tel. 02441/47 47
www.aktivpark-kall.de

**Urfter Hof**
Urfttalstraße 30, 53925 Kall, Tel. 02441/77 51 57
www.urfter-hof-weckmann.de

**Kronenberg**
Eulenbergweg 11, 53894 Mechernich-Vollem,
Tel. 02484/14 80

**Zur Schneidmühle**
Trierer Straße 53, 53894 Mechernich-Vussem,
Tel. 02484/14 90

**Jägerhof**
Mechernicher Straße 27, 53894 Mechernich-Breitenbenden, Tel. 02443/31 47 18

**Café „Im Höfchen"**
Firmenicher Straße 21, 53894 Mechernich-Satzvey

*Natur pur im Veybachtal*

ADRESSEN UND INFORMATIONEN

„Oleftal und Veybachtal" – Aquädukte, Eisenhütten und Ritterspiele

*Entlang der Urft* – **Staumauern, Talsperren und Turbinen**

# 5 Entlang der Urft

## Staumauern, Talsperren und Turbinen

**AUF EINEN BLICK**

**Start:** Bahnhof Nettersheim, Anfahrt mit RE 12 sowie RE 22
**Ziel:** Bahnhof Heimbach, Anfahrt mit RB 21 oder mit dem Fahrradbus nach Gmünd
**Sehenswürdigkeiten:** Naturschutzzentrum Nettersheim, römische Quellfassung, Burg Dalbenden, Kneippkurort Gemünd mit Nationalparktor, Urftsee-Staumauer, Nationalparktor Rurberg, Jugendstil-Kraftwerk bei Heimbach, Heimbach mit Burg und Nationalparktor
**Einkehrmöglichkeiten:** Urfter Hof, Aktivpark Kall, Café an der Urftseemauer, Café Bongard, Restaurant „Der Seehof", Terrasse am See
**Länge der Strecke:** 54 km; bei Abkürzung über den Süduferweg des Rursees: 45 km. Für Einsteiger geeignet: Abschnitt Kall – Gemünd – Urftseemauer und zurück, ca. 38 km
**Schwierigkeitsgrad:** mittel, einige kurze, z. T. kräftige Steigungen. Der Abschnitt Nettersheim – Gemünd – Urftseemauer (s.o.) ist für Kinder und Ungeübte gut geeignet.
**Charakteristik:** überwiegend autofreie Route, einige unbefestigte Wegabschnitte. Für Ungeübte ist der zweite Abschnitt mit kurzen Schiebestrecken verbunden. Für Fahrradanhänger geeignet.
**Ausschilderung:** Die Tour ist ausgeschildert mit Fahrradwegweisern nach der landesweiten Radwegweisung NRW, mit dem Logo „Tälerroute Urft" sowie mit dem Logo der „Wasserburgenroute" und dem Logo „RurUferRadweg".

**GPS TOUR 05** abrufbar unter www.bachem-verlag.de

DIESE TOUR führt uns durch den 2004 gegründeten Nationalpark Eifel. Startpunkt ist die Eifelgemeinde Nettersheim mit ihrem Naturschutzzentrum. Von dort geht es entlang der Urft weiter, und wir kommen an der Stelle vorbei, an der die 2000 Jahre alte römische Wasserleitung nach Köln ihren Ursprung fand. Ab Gemünd fahren wir durch das Herzstück des Nationalparks, dem Kermetergebirge, entlang des Urftseeradwegs und später entlang der Rurtalsperre nach Heimbach. Viel Natur begleitet uns also auf unserer heutigen Tour, die man vom Fahrrad aus besonders intensiv erleben kann. Hintergrundwissen zum

Wegweisung im Urfttal

Vorherige Seite: Radlers Rast an der Urftseemauer

## Tour 5

*Nationalpark Eifel gibt es im Naturzentrum Eifel, an den zahlreichen Info-Tafeln sowie in den aktuell drei Nationalparktoren entlang der Route.*

*Die Urft ist ein 50 km langer Nebenfluss der Rur. Sie entspringt in der Nordeifel bei Schmidtheim, fließt entlang der Eifelbahnstrecke durch Nettersheim bis Kall, ab dort weiter nach Gemünd. Hinter Malsbenden wird der Fluss aufgestaut und mündet bei Rurberg in die Rurtalsperre. Mit seinem geschwungenen Verlauf inmitten des Kermetergebirges bildet der Urftsee das Herzstück des Nationalparks Eifel. Der Bau der Urftsee-Staumauer 1904 hatte Modellcharakter für den Bau weiterer Talsperren.*

Vor Beginn der Route lohnt ein Abstecher zum Naturzentrum Nettersheim, das ca. 400 m fußläufig vom Bahnhof ein Stück flussaufwärts liegt. Nettersheim ist nicht zuletzt wegen seines bürgerschaftlichen Engagements im Umwelt- und Naturschutz inzwischen bundesweit mehrmals als Naturschutzkommune ausgezeichnet worden, zuletzt in 2007. Los geht es aber am **Bahnhof Nettersheim.** Wir radeln die Bahnhofstraße bergan und aus dem Ort hinaus. Am Römer-Café fahren wir links und folgen der Wegweisung mit dem Logo der „Tälerroute Urft", die uns später auf der anderen Seite der Bahnlinie durch das liebliche Urfttal führt. Nach einer Weile stoßen wir auf die **Quellfassung „Grüner Pütz"**, ab hier ging zu Zeiten der Römer vor 2000 Jahren das Wasser auf der damaligen Wasserleitung ca. 100 km auf die Reise nach Köln. Weiter geht es den Wald entlang, in dem im Frühjahr der Bärlauch duftet. Nach Queren der Urft erreichen wir **Haus Dalbenden**, das als Schullandheim dient und fahren auf der L 204 geradeaus weiter. Nun biegen wir links ein, passieren **Burg Dalbenden**, eine im 12. Jh. errich-

*Burg Dalbenden bei Urft*

# 5

*Entlang der Urft – Staumauern, Talsperren und Turbinen* 52

tete Burganlage, die im letzten Weltkrieg als Kommandozentrale der Wehrmacht diente, fahren an der **Urfter Mühle** vorbei auf ruhigen Wegen bis **Sötenich**. Von hier ist es nicht mehr weit bis **Kall**.

Hinter Kall öffnet sich das **Tal der Urft**, schon bald fahren wir parallel der Oleftalbahn, die als Touristenattraktion während der Sommermonate von Kall nach Schleiden fährt. In der Folge verläuft die „Tälerroute Urft" parallel mit der Wasserburgenroute nach **Mauel**. Info-Tafeln über die ortsansässigen Röhrenwerke dokumentieren die Bedeutung der Eisenverarbeitung in dieser Region, deren Produkte weltweit exportiert werden (siehe auch Tour 4 – Tälerroute Olef). In **Gemünd** mündet die Olef in die Urft, wir schieben unsere Fahrräder durch die Fußgängerzone, die zum Verweilen einlädt, fahren später am Kurpark vorbei – dort informiert uns eines der fünf Nationalparktore über die Bedeutung und Funktion des noch jungen Schutzgebietes – auf der Urftseestraße durch **Malsbenden** zum Urftsee. Ab hier verläuft die Route mitten durch den **Nationalpark Eifel**, dem **Kermetergebirge**. Auf der rückgebauten K 17 des ehemaligen Truppenübungsgebietes, das 60 Jahre lang für die Öffentlichkeit nicht zugänglich war, kann man heute lärm- und abgasfrei radeln und den Blick über die sich windenden Ufer der Urft schweifen lassen – um nach einigen Biegungen die ehemalige **NS-Ordensburg Vogelsang** zu sehen, die

*Der Urftseeradweg im Nationalpark Eifel*

## Tour 5

### Entlang der Urft – Staumauern, Talsperren und Turbinen

mit ihren weitläufigen Bauten über dem Urftsee thront. Nach etwa 12 km Uferradweg erreichen wir die imposante Urftseemauer. Zweck der Talsperre sind Hochwasserschutz, Niedrigwasseraufhöhung und Stromerzeugung. Für den Bau zwischen 1900 und 1905 ließ der mit der Generalplanung beauftragte Ingenieur Otto Intze extra von Gemünd aus eine Bahnlinie zum Transport der Arbeiter und des Materials bauen. Ende 1904 begann der Probestau. Bei der Fertigstellung hatte das Bauwerk Modellcharakter für viele weitere Talsperren-Projekte, nachdem zum Ende des 19. Jh. die Wasserwirtschaft in Folge der Industrialisierung immer wichtiger wurde.

Ab hier können weniger geübte Radler nach Gemünd zurückradeln, ansonsten geht es hinter der Urftseemauer mit seinem Café bergab (Vorsicht: Ausflugsverkehr!) und kurz danach kommen wir an eine Gabelung, die uns vor die Wahl stellt, unsere Tour nach Heimbach auf dem kurzen Weg am Südufer des Rursees Schwammenauel fortzusetzen oder die längere Variante über Rurberg zu wählen.

Wenn wir uns für die zweite Möglichkeit entscheiden, fahren wir links über die Staumauer am Paulushof vorbei, an dem sich bei schönem Wetter die Passagiere auf die Urftseeflotte drängen und später rechts über eine weitere Staumauer zwischen Eiserbachsee und Rursee nach Rurberg. Am Ende der Mauer befindet sich links ein weiteres Nationalparktor.

Der hinter der Talsperre befindliche Rurstausee, der voll aufgestaut etwa 24 km lang ist und zum Wasserverband Eifel-Rur gehört, ist der volumenmäßig zweitgrößte Stausee Deutschlands. Neben der Wasserstandsregulierung wird die Talsperre zur Stromerzeugung genutzt. Außerdem dient der Obersee der Trinkwasserversorgung. Heute werden Rur-,

*Verdiente Rast im Urfttal*

# 5

*Entlang der Urft – Staumauern, Talsperren und Turbinen* ▌54

lungssuchenden geschätztes Naherholungsgebiet, durch das der kommende Routenabschnitt verläuft. Segelboote, Ausflugscafés, Wochenendhäuser und Campingplätze prägen das Landschaftsbild. Hier geht es am Nordufer des Seeweges, später hinter dem Yachthafen am Campingplatz bergauf durch Rurberg hindurch und über die L 218 nach **Woffelsbach**. In der Folge führt uns unsere Route nicht immer niveaugleich am Ufer entlang, einige kürzere Steigungen und Gefällstrecken sowohl innerorts als auch entlang des Nordufers müssen gemeistert werden. Der Weg ist jedoch recht gut ausgeschildert und erlaubt uns des Öfteren schöne Ausblicke auf den Rursee als auch im späteren Verlauf auf den Ort Woffelsbach. Hinter einem Campingplatz beginnt ein unbefestigtes Wegstück, das leicht bergauf führt, zweimal nach rechts abzweigt und um eine Schranke herum wieder bergab führt.

Danach geht es noch einmal über ein unbefestigtes Wegstück bergan bis zu einer Straße, die in Höhe **Eschauel** auf einem Parkplatz stößt; hier liegt auch eine Anlegestelle der Rurseeschifffahrt sowie ein Strandbad. Eine Besonderheit sind die (Halb-)Inseln **Eichert** und **Eschauel**, die je nach Wasserstand auch zu Fuß zu erreichen sind. In jedem Fall lohnt an dieser Stelle eine kurze Rast, im Sommer bietet sich dabei der Besuch des Strandbades an. Die Route führt

Urft-und Oleftalsperre im Verbund betrieben, um die Verfügbarkeit von etwa 265 Mio. m³ Stauraum zu sichern. Ebenfalls ist der Rurstausee ein von Wassersportlern und Erho-

*Die Rur bei Schwammenauel*

## Entlang der Urft – Staumauern, Talsperren und Turbinen

nun bergab, und nach einem längeren Wegestück entlang des Ufers erreichen wir wieder einen asphaltierten Weg sowie die Anlegestelle **Rursee**. Hier folgen wir der Wegweisung entlang der Straße nach rechts. Die Route steigt nach Querung des Dammes an, um an der kommenden Kreuzung links in Richtung Heimbach am Campingplatz steil bergab zu führen. Kurz danach passieren wir das bundesweit sicherlich schönste **Jugendstilkraftwerk** mit dem RWE-Industriemuseum. 1905 in Betrieb genommen, wird das Kraftwerk über einen 2,7 km langen, durch das Kermetergebirge verlaufenden Stollen mit Wasser aus dem Urftsee mit einem Gefälle von 110 m versorgt. 1975 wurden die alten Turbinen und Generatoren durch zwei neue Aggregate ersetzt. Zwei ausgediente Maschinengruppen blieben erhalten und können in den Räumen des Kraftwerkes besichtigt werden.

Nun ist es nicht mehr weit bis zu unserem Zielpunkt, dem Eifelort **Heimbach**. Auch hier herrscht an Wochenenden reger Ausflugsverkehr. Nach einem kurzen Stück entlang der L 218 erreichen wir den **Bahnhof Heimbach**, dem seit 2006 ein weiteres **Nationalparktor** angegliedert ist. Wer sich noch fit fühlt, dem sei ein Abstecher bergauf die Hengebachstraße (L 218) zur **Burganlage Hengebach** empfohlen, denn von dort kann man weit ins Rurtal und über den Rursee schauen – die Strecke, über die wir gekommen sind.

*Jugendstilkraftwerk (o.) und Burg Hengebach (u.) bei Heimbach*

# GPS TOUR 05

*Entlang der Urft – Staumauern, Talsperren und Turbinen* 56

## STRECKENBESCHREIBUNG

Vom **Bahnhof Nettersheim** über „Zutendaal-Platz", die „Bahnhofstr." bergan, am Römer-Café **links←**. Unter der Schnellstraße hindurch, später **links←** über die Bahn, dahinter **rechts→**. Den Weg (später ohne Asphalt) **geradeaus↑**, nach 3 km vorbei am **Grünen Pütz**. Weiter **geradeaus↑**, dann im Rechtsversatz über das Bahngleis, weiter auf asphaltiertem Weg, die Urft queren, weiter bis **Haus Dalbenden**, **geradeaus↑** auf der L 204 bis zur **Burg Dalbenden**, dort **links←** einbiegen, über das Gleis, **rechts→** an der **Urfter Mühle**. Dort **geradeaus↑**, am Klärwerk vorbei, bergan am Zementwerk vorbei, dahinter bergab, **rechts→** auf die L 203 nach **Sötenich**, dort kurz vor Querung der Urft **links←**, weiter bis Kall. In Höhe des Schul- und Medienzentrum **rechts→**, am Kreisel **links←**, nun zum **Bahnhof Kall**. Weiter **geradeaus↑**, am Kreisel **links←**, dann **rechts→** „Auelstr." und **geradeaus↑** am Sportpark vorbei bis **Anstois**, dort im Rechtsversatz Urft und Bahngleis queren, parallel zur B 266, später die Straßenseite wechseln, am Gewerbegebiet **Mauel** weiter **geradeaus↑** in den Hauptort **Gemünd**. An der Bushaltestelle **rechts→**, dann **links←** an der Trinitatis-Kirche vorbei, die Urft queren, weiter bis zur Mündung der Olef in die Urft. Dort **rechts→** weiter durch Fußgängerzone (schieben!). **Geradeaus↑** weiter, später **rechts→** „Urftseestr.", durch **Malsbenden** entlang der **Urftseeroute**, die nächsten 12 km entlang des Urftsees weiter zur **Staumauer**, dahinter bergab, weiter am **Urftsee** bis zur Gabelung in Höhe des **Rursees** (ab hier **rechts→** Abkürzung entlang des Südufers am Rursee nach Heimbach möglich). Weiter **links←** über den Staudamm Paulushof, später **rechts→** über die Staumauer am **Eiserbachsee** nach **Rurberg**. Am Nationalparktor **rechts→**, weiter durch **Rurberg**, an der Kreuzung **rechts→**, später trotz Sackgasse **rechts→**, hinter dem Yachthafen am Campingplatz bergauf „Hövel", am Ende der „Wiesenstr." **links←**, dann „Woffelsbacher Str." **rechts→** und später entlang der L 128 bis **Woffelsbach**, dort scharf **rechts→**, die Serpentine ein kurzes Stück bergab, in „Wendelinusstr." **links←**, nun bergab. Am Segelhafen bergauf, wieder bergab „Kirschberg". Danach am Seeufer entlang, hinter dem Campingplatz bergauf, an der nächsten Gabelung **rechts→**, an der kommenden Gabelung noch einmal **rechts→**, um eine Schranke herum, nun ein schlechtes Wegestück bergab. Später über ein schlechtes Wegstück bergan bis zum Parkplatz **Eschauel**, vorbei an der Anlegestelle, dahinter wieder bergab. Hinter der Anlegestelle **Rursee rechts→**, erneuter Anstieg nach Querung des Dammes, an der nächsten Kreuzung **links←** in Richtung Heimbach, am Campingplatz steil bergab. Am **Jugendstilkraftwerk** vorbei, geradeaus weiter bis **Heimbach**, auf „Hengebachstraße" (L 218) in Richtung Düren **geradeaus↑** weiter zum **Nationalparktor Heimbach** bzw. **Bahnhof Heimbach**.

*Blick auf Heimbach*

3 Touren

## ADRESSEN UND INFORMATIONEN

### Sehenswürdigkeiten

**Naturzentrum Eifel**
Römerplatz 8-10, 53947 Nettersheim,
Tel. 02486/12 46
www.naturzentrum-eifel.de

**Kneippkurort Gemünd mit Nationalparktor Eifel**
Kurhausstraße 6, 53937 Schleiden-Gemünd,
Tel. 02444/20 11
www.gemuend.de, www.schleiden.de

**Urftseemauer**
53937 Schleiden (hier wird auf mehreren Info-Tafeln sowohl die Bedeutung der Staumauer als auch der Nationalpark Eifel erläutert)

**Nationalparktor Rurberg**
Seeufer 3, 52152 Simmerath-Rurberg,
Tel. 02473/9 37 70

**Jugendstil-Kraftwerk**
Langerscheidt, 52396 Heimbach, Tel. 02446/9 50 43 20

**Ringburganlage Hengebach**
Mariawalder Straße 6, 52396 Heimbach
www.burghengebach.de

**Nationalparktor Heimbach**
An der Laag 4, 52396 Heimbach, Tel. 02446/8 05 79 14

### Einkehrmöglichkeiten

**Urfter Hof**
Urfttalstraße 30, 53925 Kall-Urft, Tel. 02441/42 59
www.urfter-hof-weckmann.de

**Aktivpark Kall**
Auelstraße 40, 53925 Kall, Tel. 02241/47 47
www.aktivpark-kall.de

**Café / Kiosk an der Urftseemauer**

**Café Bongard**
Dorfstraße 15, 52152 Simmerath-Rurberg,
Tel. 02473/26 40

**Restaurant „Der Seehof"**
Schwammenauel, 52396 Heimbach-Hasenfeld,
Tel. 02446/5 44

**Terrasse am See**
Am Schmalscheid 4, 52396 Heimbach,
Tel. 02446/33 14

*Wassersport auf dem Rursee*

**Am Oberlauf der Ahr – Quellen, Wacholder und Skulpturen**

# 6 Am Oberlauf der Ahr

## Quellen, Wacholder und Skulpturen

**AUF EINEN BLICK**

**Start:** Bahnhof Blankenheim/Wald, Anfahrt mit RE 12 und RE 22
**Ziel:** Bahnhof Altenahr, Anfahrt mit der Ahrtalbahn (RB) nach Remagen – Bonn
**Sehenswürdigkeiten:** Ortskern von Blankenheim mit Ahrquelle, Wacholderbestände im Lampertstal (bei Abstecher), Ortskern und Freilichtbühne in Schuld, Sandsteinskulpturen zwischen Liers und Brück, Wallfahrtskapelle Pützfeld, Burg Kreuzberg, Burg Are, Teufelsloch
**Einkehrmöglichkeiten:** Zur alten Ölmühle, Lommersdorfer Mühle, Café Ahrblick, Restaurant „Weißes Haus", Frings-Mühle, Restaurant Café „Zur Linde", Hotel Café Schäfer
**Länge der Strecke:** 51 km bis Ahrbrück, 56 km bis Altenahr
**Schwierigkeitsgrad:** mittel; einige sehr kurze Steigungs- und Gefälleabschnitte
**Charakteristik:** größtenteils kfz-frei, für geübte und verkehrssichere Kinder sowie für Fahrradanhänger gut geeignet.
**Ausschilderung:** Die Tour ist ausgeschildert mit Fahrradwegweisern nach der landesweiten Radwegweisung NRW, ab Rheinland-Pfalz mit der dortigen Radwegweisung (grüne Schrift) sowie mit dem Logo des „Ahrtal-Radwegs".

**GPS TOUR 06** abrufbar unter www.bachem-verlag.de

Vorherige Seite: Das Ahrtal bei Oberahreck

DIESE TOUR verläuft vom Bahnhof im Wald, im Tal der Urft gelegen, über den Bergkamm nach Blankenheimerdorf und von dort bergab in den Hauptort Blankenheim, wo sich die Ahrquelle befindet. Seit 2006 lässt sich das obere Ahrtal parallel zur B 258 über eine eigenständige Radwegeführung, die zum Teil auf der alten Ahrtalbahntrasse verläuft, erleben. Als besondere Höhepunkte auf unserer Tour sind die Überquerung der Ahrtalstraße bei Oberahreck sowie die Wacholderbestände im Seitental des Lampertsbach zu nennen.

Es wird Herbst im Ahrtal

Am Oberlauf der Ahr – Quellen, Wacholder und Skulpturen

# Tour 6

*Die Ahr als Hauptfluss und ihre Nebenbäche bilden das zentrale Gewässersystem des zur Osteifel gehörenden Ahrgebirges, das ein Niederschlagseinzugsgebiet von rund 900 km$^2$ entwässert. Die Ahr ist knapp 90 km lang, davon entfallen 68 km auf Rheinland-Pfalz. Aus der Quelle inmitten des Hauptortes strömen pro Minute ca. 700 l Wasser. Das Wasser der Ahr gilt als sehr stickstoffhaltig. 1993 wurde das Naturschutzgroßprojekt „Ahr 2000" ins Leben gerufen, da der Ahr-Oberlauf hervorragende Bedingungen für den Schutz und die Entwicklung eines typischen Fließgewässers im Mittelgebirge aufweist.*

Vom **Bahnhof Blankenheim Wald** im Urfttal müssen wir zuerst auf der B 258 in Richtung Blankenheim radeln, diese führt uns stetig bergauf über den Bergkamm bis **Blankenheimerdorf** und ab dort hinab durch das **Georgstor**, das Haupttor des Ortes mit angegliedertem **Karnevalsmuseum**. In **Blankenheim** lohnt eine Pause, um sich die mitten im Ort entspringende Quelle der Ahr anzusehen, bevor es weiter durch das Ahrtal geht. Ebenfalls lohnt ein Abstecher auf die Burganlage, in der heute eine Jugendherberge untergebracht ist. Bei dem dortigen **Tiergartentunnel** handelt es sich um eine wissenschaftlich einmalige mittelalterliche Wasserversorgungsanlage der Burg. Nach diesem Abstecher verlassen wir Blankenheim und fahren zuerst ein Stück ent-

*Im Eifelstädtchen Blankenheim*

*Am Oberlauf der Ahr – Quellen, Wacholder und Skulpturen*

die europaweit bedeutsamsten Lebensräume und Arten mit ihren Schwerpunktvorkommen geschützt und ihr Bestand auf Dauer gesichert oder verbessert werden. Für NRW wurde das Kerngebiet von Ahr 2000 zu einem bedeutenden Bestandteil dieses Netzwerkes erklärt. An den Info-Tafeln entlang der Strecke können wir uns über dieses Naturschutzprojekt „**Ahr 2000**" informieren.

Nach einigen Versetzen und kurzen Aufs und Abs queren wir die Straße in Höhe der **Reetzer Mühle**. Kurze Zeit später passieren wir das ehemalige **Bahnhofsgebäude bei Ahrhaus** und überqueren die Bundesstraße entlang des Ahrtales auf der **Überführung bei Oberahreck**. Ein Rastplatz mit Info-Tafeln zum Thema Radwandern im Kreis Euskirchen lädt zu einer Pause ein, um den Blick über das Ahrtal schweifen zu lassen. Nun geht es weiter auf der Trasse der früheren **Ahrtalbahn**, die bis in die 1950er-Jahre die Entwicklung der Region bestimmte, doch spätestens nach dem letzten Weltkrieg rasch an Bedeutung verlor und in den 1970er-Jahren stillgelegt und deren Gleise abgebaut wurden. Nach einem weiteren Rastplatz bietet sich die Möglichkeit, einen Abstecher in das **Lampertstal** zu machen. Dieses großflächige und landesweit bedeutende **Naturschutzgebiet** beeindruckt vor allem mit seinen Wacholderbeständen; im Frühjahr und im Herbst kann man seltene Orchideen- und Enzianarten bestaunen.

lang der Bundesstraße, die wir bald verlassen können und stattdessen parallel auf ruhigen, zum Teil neu angelegten Wegen das Ahrtal erleben können. 1992 hat die EU die Fauna-Flora-Habitat (FFH-)Richtlinie in Kraft gesetzt. Danach soll ein Netz „**Natura 2000**" geschaffen werden, in welchem

*Wacholderhänge bei Ahrdorf*

Nach dem Abstecher zu Wacholder und Co. bleiben wir im Ahrtal und erreichen die „**Alte Ölmühle**". Die 1536 erstmals erwähnte Mühle war eine Bannmühle, wo alle Bewohner der Gegend um Dollendorf ihr Getreide mahlen lassen mussten. Diese Mühle war eine der besten weit und breit, da sie selbst im härtesten Winter noch fließendes Wasser hatte, so dass der Mahlbetrieb ganzjährig stattfinden konnte. Heute dient sie als Ferienwohnung und Restaurant. Hinter **Ahrhütte** passieren wir die **Lommersdorfer Mühle**, hier bietet sich eine weitere Rast- und Einkehrmöglichkeit an. Links ab von der bergauf nach Uedelhoven führenden Straße fahren wir wieder auf dem ehemaligen Bahndamm weiter. Wenig später erreichen wir eine Ruhebank, die uns mit einem schönen Blick auf die Wacholderhänge und den Ort **Ahrdorf** zu einer Pause animiert. Wir durchqueren Ahrdorf und radeln weiter zur **Frings-Mühle**. Hinter dem alten **Bahnhof Ahrdorf** queren wir am Abzweig des neuen Kalkeifel-Radweges, ebenfalls auf der Trasse einer stillgelegten Bahn, den **Ahbach** und radeln weiter ahrabwärts durch den Wald, zum Teil auf der alten Bahntrasse, nun im Bundesland Rheinland-Pfalz. Dies erkennt man an der sich ändernden Schriftfarbe auf den Wegweisern, nämlich Grün auf Weiß.

Über **Dorselermühle** geht es weiter, vorbei an einem Rastplatz, und kurze Zeit später erreichen wir **Müsch.** Hier müssen wir die Ahr und die B 258 queren. Noch im Ort geht es

*Die Ahr bei Schuld*

# 6

**Am Oberlauf der Ahr – Quellen, Wacholder und Skulpturen** 64

bergauf zum Radweg, der uns weiter durch das Ahrtal führt. In **Antweiler** angekommen, erreichen wir wieder den alten Bahndamm und sind kurze Zeit später in **Fuchshofen**. Ab hier müssen wir uns die kommenden 4 km die Landstraße mit dem PKW- und Motorradverkehr teilen. Der Schönheit dieses Flusstals tut dies jedoch keinen Abbruch; das Ahrtal lässt sich nun abseits der bewaldeten Trassenwege aus der Talmitte heraus erleben. Ab **Schuld** können wir die Straße wieder verlassen und auf Nebenwegen durch den malerisch auf einem Felssprung gelegenen Ort radeln. Hierbei überqueren wir die Ahr auf einer alten Steinbrücke und fahren auf der Römerstraße ortsauswärts. Danach geht es wieder entlang der alten Bahntrasse, die uns kurz darauf durch einen Tunnel führt. Am Ortseingang von **Insul** fahren wir links weiter, ein kleiner **Wasserfall** empfängt uns mit fröhlichem Geplätscher – gerade recht für eine Rast und Erfrischung. Bei **Dümpelfeld** verläuft unsere Tour über eine alte Bahnbrücke und durch Obstwiesen und Pferdekoppeln weiter über **Liers** und **Hönningen**. In diesem Abschnitt radeln wir nun öfter unmittelbar am Fluss entlang; neu aufgestellte Skulpturen dokumentieren das Alltagsleben sowie die Geschichte und wirtschaftliche Entwicklung der Ahrtal-Region.

In **Brück** geht es über eine alte Steinbrücke, dahinter links ein kurzes Stück auf der B 257 weiter. Dabei müssen wir uns

*Eulen an die Ahr getragen – Skulpturen am Ahr-Radweg*

## Am Oberlauf der Ahr – Quellen, Wacholder und Skulpturen

beim Ein- und Ausfädeln auf den Kfz-Verkehr konzentrieren. In Höhe des **Bahnhofs Ahrbrück**, dem Endpunkt der heutigen Ahrtalbahn, können wir die Tour beenden, dann versäumt man jedoch einige interessante Highlights. Deshalb radeln wir weiter und müssen zuerst wieder die Ahr überqueren, dabei können wir die markante **Wallfahrtskapelle Pützfeld**, deren Ursprünge auf die Pestzeit im 17. Jh. zurückgeht, auf dem Bergsporn des Biebelsleyer Hang sehen. Nach Querung der Bahnlinie geht es am Campingplatz vorbei bis **Kreuzberg**. Der im 9. Jh. erstmals erwähnte Ort wird von der gleichnamigen, aus dem 14. Jh. errichteten Burg überragt. Seit 1820 dient diese als einzige bewohnte Burganlage im Ahrtal der Familie von Boeselager als Wohnsitz. Die Burg kann nicht besichtigt werden, wohl aber die angegliederte Burgkapelle. Der Wegweisung folgend geht es später rechts über einen schmalen Promenadenweg, wobei wir auf die Spaziergänger und Wanderer achten müssen. Nach Passieren des Campingplatzes unterhalb des **Teufelslochs**, eines markanten, über dem Ahrtal thronenden Felsens, geht die Route über eine Holzplankenbrücke weiter, die auf einen großen Parkplatz der Talstation des Sessellifts von **Altenahr** führt. Kurze Zeit später stoßen wir mitten im Ort auf die Hauptstraße, die wir überqueren und stehen vor dem **Bahnhof Altenahr**, dem Zielpunkt unserer Tour.

*Wallfahrtskapelle Pützfeld*

# GPS TOUR 06

*Am Oberlauf der Ahr – Quellen, Wacholder und Skulpturen* ▌66

## STRECKENBESCHREIBUNG

Vom Bahnhof Blankenheim Wald **rechts→** zur B 258, **rechts→** einbiegen, bergan, nach 2 km **rechts→** nach Blankenheimerdorf, dort wieder bergan. Ab Ortsmitte mit 10 % Gefälle bergab nach **Blankenheim**, am Kreisel **links←**, sofort **rechts→**; durch das Stadttor von Blankenheim.

Am Ortsausgang **rechts→** auf den Radweg bis zum Klärwerk, dort **links←**, in der Folge entlang der Wegweisung bis zur Querung der Straße in Höhe **Reetzer Mühle**. Vorbei am ehemaligen Bahnhofsgebäude, über die Brücke bei **Oberahreck**. Weiter durch den Wald auf dem alten Bahndamm, vorbei an einem Rastplatz (dahinter Abzweig **rechts→** zum Lampertstal, vorbei an „**Alten Ölmühle**", durch **Ahrhütte**. Später vorbei an **Lommersdorfer Mühle**. Der Wegweisung **links←** weg von der Straße (nach Uedelhoven) folgen, weiter auf dem ehem. Bahndamm. Vorbei an Ruhebank, bergab nach **Ahrdorf**, unten **links←**, dann **rechts→**, vorbei an **Frings-Mühle**.

Am ehem. **Bahnhof Ahrdorf** den **Ahbach** queren, am Abzweig des **Kalkeifel-Radweg** die L 70 in Richtung Ahütte queren, weiter durch Wald z.T. auf dem alten Bahndamm bis in Höhe der **Dorselermühle**, vorbei am Rastplatz und weiter bis **Müsch**, dort die Ahr sowie die B 258 queren und **geradeaus↑** in „Ahrstr.". Längs der Wegweisung **rechts→** in „Bergstr.", nun bergauf, oben **links←** „Im Kesselsfeld", weiter nach **Antweiler**. Kurz vor Antweiler **links←**, bergab, unten längs der Wegweisung **rechts→**. Vorbei am Rastplatz; wieder auf dem Bahndamm, weiter bis **Fuchshofen**, dort **links←** einbiegen, die Ahr überqueren und **rechts→** auf die L 73 (Achtung: kein separater Radweg bis Schuld!). Auf der L 73 weiter, hinter dem Campingplatz Schuld **rechts→**, weg von der L 73, in Höhe der Abzweigung der L 165 nach Bad Münstereifel wieder auf der L 73 nach **Schuld**, an Mittelinsel mit Einzelbaum **links←** in „Ahrstr.", an der kommenden Gabelung **links←**, dann **rechts→** über die **Stefansbrücke**.

Nach Querung der Ahr bergauf, längs der Wegweisung „Dornhofstr.", dann bergab, über die alte Steinbrücke, die „Römerstr." bergan, später über den alten Bahndamm, dahinter **links←**, danach **geradeaus↑** durch den Tunnel. Später ein Stück bergab der K 25, vor Insul **links←** weiter, vorbei am **Rastplatz Wasserfall**, in Höhe **Dümpelfeld** unter der Brücke hindurch, **geradeaus↑** längs der Wegweisung, später durch **Liers**, dann durch **Hönningen**. Weiter bis **Brück**; hinter Steinbrücke **links←**, ein kurzes Stück auf der B 257 (Vorsicht: sehr starker Kfz-Verkehr!), in Höhe **Bahnhof Ahrbrück links←**, dann **rechts→** parallel zur Bahn, **links←** über die Ahr, in Höhe **Wallfahrtskapelle Pützfeld** ein kurzes Steilstück, im Rechtsversatz über die Bahnlinie, wieder bergab, parallel zur Bahn bis **Kreuzberg**. Längs der Wegweisung später **rechts→** auf dem schmalen Promenadenweg (Fußgänger!), am Campingplatz vorbei, über eine Holzplankenbrücke, an der Talstation des Sessellifts vorbei nach **Altenahr**. Weiter **geradeaus↑**, die B 257 queren und zum **Bahnhof Altenahr**.

*Ahrquelle in Blankenheim*

2 Touren

nach Bad Münstereifel
NETTERSHEIM
113
1
B 51
B 477
BLANKENHEIM
114
Buir
Nettersheim
Tondorf
Marmagen
B 267
Burg Are
Altenahr
Burg Kreuzberg
Ziel
Bhf. Kreuzberg
Wallfahrtskapelle Pützfeld
Pützfeld
Bhf. Ahrbrück
Ahrbrück
Ahr
Liersbach
Hönningen
Armuthsbach
Liers
Schuld
Dümpelfeld
Insul
Ahr
Fuchshofen
NSG
Antweiler
B 257
Müsch
Adenau
Dorsel
Ahr
Hoffeld
B 258
Ahrdorf
Uedelhoven
Ahrhütte
Zur alten Ölmühle
Freilingen
Freilinger See
Reetz
Ahrhaus
B 258
Ahr
Blankenheim
Ahrquelle
ankenheim
Wald
art
Bhf.
Blankenheimer-
dorf
B 51
457 m
Bettenberg
Schaafbach
Hüngersdorf
Ripsdorf
NSG
Lamperts-
tal
NSG
Lampertsbach
471 m
Homberg
Alendorf
Dollendorf
Oberbusch

# 6 ADRESSEN UND INFORMATIONEN

Am Oberlauf der Ahr – Quellen, Wacholder und Skulpturen  68

## Museen und Sehenswürdigkeiten

**Georgstor mit Karnevalsmuseum**
Ahrstraße 22, 53945 Blankenheim, Tel. 02449/83 33
www.blankenheim-info.de

**Tiergartentunnel und Burg Blankenheim**
Burg 1, 53945 Blankenheim
www.tiergartentunnel.de

## Einkehrmöglichkeiten

**Zur alten Ölmühle**
Dollendorfer Straße 2, 53945 Blankenheim-Ahrhütte,
Tel. 02697/9 06 99 10
www.alte-oelmuehle.de

**Lommersdorfer Mühle**
Ahrtal 46, 53945 Blankenheim-Ahrhütte,
Tel. 02697/3 72
www.lommersdorfer-muehle.de

**Café Ahrblick**
Hubertusstraße 5, 53945 Blankenheim-Ahrdorf,
Tel. 02697/15 37
www.cafe-ahrblick.de

**Restaurant „Weißes Haus"**
Bahnhof Ahrdorf, 53945 Blankenheim-Ahrdorf,
Tel. 02697/90 11 18

**Frings-Mühle**
Hubertusstraße 23, 53945 Blankenheim-Ahrdorf

**Hotel Restaurant Café „Zur Linde"**
Hauptstraße 2, 53520 Schuld, Tel. 02695/2 01
www.hotel-restaurant-linde-schuld.de

**Hotel Café Restaurant Schäfer**
Schulstraße 2, 53520 Schuld, Tel. 02695/3 40
www.hotel-schaefer-schuld.de

## Rad-Erlebnistag

**„Tour de Ahrtal"**
Autofreies Ahrtal zwischen Blankenheim und Dümpelfeld; an einem Sonntag Anfang/Mitte Juni.
www.tour-de-ahrtal.de

*In Stein gemeißelt – Schuld im Ahrtal*

**7**

**AN DER AGGER UND IM NAAFBACHTAL** – *Viel Natur und ein altes Schiff*

# 7 An der Agger und im Naafbachtal
## Viel Natur und ein altes Schiff

**AUF EINEN BLICK**

**Start:** Bahnhof Overath, Anfahrt mit RB 25
**Ziel:** Bahnhof Troisdorf, Anfahrt mit S 12, S 13, RE 8, RE 9 und RB 27
**Sehenswürdigkeiten:** Schloss Auel, Ortsmitte von Wahlscheid, Burg Lohmar
**Einkehrmöglichkeiten:** Landhotel Naafs-Häuschen, Aggerschlösschen, Altes Haus, Zur Alten Fähre
**Länge der Strecke:** 26 km, mit Abstecher ins Naafbachtal 37 km
**Schwierigkeitsgrad:** eher leicht, keine nennenswerten Steigungen. Als Einsteiger-Tour geeignet.
**Charakteristik:** Uferwege mit unterschiedlicher Wegebeschaffenheit, z. T. schlechte Wegabschnitte (v. a. nach Regen). Insgesamt familienfreundliche Tour. Wegen einiger unbefestigten Wegabschnitte sind geländetaugliche Fahrräder zu empfehlen. Für Fahrradanhänger bedingt geeignet. In Overath und in Lohmar Ortsdurchfahrten z. T. ohne Radwege mit hohem Kfz-Verkehrsanteil.
**Ausschilderung:** Die Tour ist größtenteils ausgeschildert mit Fahrradwegweisern nach der landesweiten Radwegweisung NRW sowie abschnittsweise mit kleinen Richtungswegweisern.

**GPS TOUR 07** abrufbar unter www.bachem-verlag.de

Vorherige Seite: Die Agger bei Lohmar

DIESE TOUR verläuft von Overath anfangs auf einem Radweg entlang der Bundesstraße, ab Naafshäuschen geht es auf ruhigen Wegen über Wahlscheid und durch die Aggeraue nach Kreuznaaf. Hier lohnt ein Abstecher in das Naturschutzgebiet Naafbachtal bis Ingersaueler Mühle und nach der Rückkehr geht es dann weiter durch die Aggeraue über Donrath und Lohmar entlang des Naturschutzgebietes Wahner Heide. Auf dem Aggerdamm fahren wir nach Troisdorf bis zur Mündung in die Sieg. Von dort führt die Tour durch den Stadtteil Friedrich-Wilhelmshütte zum Bahnhof Troisdorf.

Der ca. 70 km lange Bach der Agger entspringt bei Meinerzhagen und fließt weiter durch das Oberbergische Land, vorbei an Bergneustadt und Gummersbach, weiter über Dieringhausen, Engelskirchen und Overath in den Rhein-Sieg Kreis über Wahlscheid, Donrath und Lohmar nach Troisdorf, wo er in die Sieg mündet. Typisch für die Agger und viele andere Flüsse im Bergischen Land ist die Ansiedlung von Bergbau und Industrie und somit auch von Wohngebieten entlang des Flusses. Auch wird die Agger wie die vielen anderen Flüsse und Bäche im Bergischen, im Oberlauf gestaut. Das Einzugsgebiet der Agger beträgt etwa 805 km², der Bach gehört damit zu den größeren Fließgewässern des Bergischen Landes.

# Tour 7

## An der Agger und im Naafbachtal – Viel Natur und ein altes Schiff

*Die Quelle des Naafbaches liegt an der Südflanke des Heckberges, eine der bedeutenderen Erhebungen im Bergischen Land östlich von Marialinden. Von hier aus fließt der Naafbach vorrangig Richtung Südwesten, durch die kleinen Ortschaften Abelsnaaf, Schommelnaaf und Breitenstein. Zahlreiche ehemalige Mühlen wie Fischermühle oder Blindenaafer Mühle säumen seinen Verlauf, bis der Bach bei Viersbrücken nach Süden und ab der Ingersauer Mühle nach Südwesten fließt. Nach ca. 23 km Lauf und 225 m Höhenunterschied mündet der Naafbach bei Kreuznaaf in die Agger. Der Plan, den Unterlauf des Naafbachtals als Talsperrenstandort zu erhalten, wurde inzwischen aufgegeben. Das Einzugsgebiet des Naafbachs ist etwa 46 km² groß.*

Diese Tour verläuft größtenteils abseits der verkehrsreichen Straßen durch das Bergische Land. So kommen wir in den Genuss der Aggerauenlandschaft sowie eines Naturschutzgebietes des abseits gelegenen Naafbachtals. Nach Verlassen des Bahnhofs in Overath auf der Rückseite geht es am Schulkomplex **Cyriax** ortsauswärts über die Agger und anschließend entlang der B 484 über **Aggerhütte** und am **Gut Krombach** vorbei bis **Naafshäuschen**. An der Bushaltestelle fahren wir links über die Agger, dabei müssen wir ein enges Drängelgitter passieren. Bei gutem Wetter sehen wir Kanuten, die auf der eher gemächlich dahinfließenden Agger die Landschaft vom Fluss aus erleben. Hinter der Brücke geht es flussabwärts weiter nach **Honsbach**, wo wir an einer ehemaligen Mühle vorbeifahren.

Wer einen Abstecher zu einem barocken Kleinod an der Agger, **Schloss Auel**, machen möchte, muss ab hier rechts zur B 484 fahren, auf diese links einbiegen und weiter bis

*Badespaß an der Agger bei Troisdorf*

**Auel** radeln. Der ehemals mittelalterliche Rittersitz aus dem 14. Jh. wurde im 18. Jh. als Dreiflügelanlage neu gebaut und die Wassergräben, die die Burg einst umgaben, später zugeschüttet. In der zweigeschossigen Barockkapelle kann man ein Rokoko-Altar aus dem 18. Jh. bewundern.

Nach Querung der Seelscheider Straße in Höhe der Bushaltestelle geht es weiter durch **Neu-Honrath**. Ab den Tennisanlagen ist die Durchfahrt entlang der Agger für den Autoverkehr gesperrt. So können wir im folgenden Teilstück die Auenlandschaft genießen, um kurze Zeit später **Wahlscheid** zu erreichen. Wenn Kinder diese Tour mitmachen, lädt der an der Route gelegene Spielplatz zu einer Pause ein. Die an der Hauptstraße des Ortes gelegene Bartholomäuskirche wurde erstmals im 11. Jh. erwähnt. Der heutige Bau der seit Mitte des 16. Jh. reformierten Gemeinde und der seit dem 17. Jh. evangelischen Kirche entstand um 1870. Auffallend sind die bunten Glasfenster aus den 1960er-Jahren sowie russische Kunstgegenstände und Ikonen im Innern der Kirche. Nach Unterquerung der B 484 erreichen wir das Aggerufer, halten uns dort links und queren kurz danach rechts bei **Schiffarth** die Agger.

Orts- und Straßenname verraten es: Hier wurden früher Holzfähren hergestellt und auch eingesetzt. Diese Aggernachen verkehrten außerdem auf dem Rhein zwischen Bonn und Beuel sowie zwischen Köln und Deutz. Ein inmitten von

*Im Naturschutzgebiet Naafbachtal*

An der Agger und im Naafbachtal – Viel Natur und ein altes Schiff

# Tour 7

Wahlscheid aufgestellter Nachen erinnert an diese Zeit gegen Ende des 19. Jh. Wenn wir das **Aggerschlösschen**, wo ein Biergarten zu einer Rast einlädt, passiert haben, fahren wir links weiter. Am **Gildenhof** vorbei erreichen wir den Campingplatz **Kreuznaaf**; ab hier gabelt sich unsere Route.

Um ins Naafbachtal zu gelangen, fahren wir links über die Agger nach **Kreuznaaf**. In Höhe des ehemaligen Gasthofes Castell Städtler überqueren wir die K 34 und radeln anschließend durch das **Naturschutzgebiet Naafbachtal**. In der Folge geht es meist über Waldwege ohne Asphaltdecke flussaufwärts über **Naafsmühle** nach **Ingersauel** zur gleichnamigen Mühle, die bis in die 1950er-Jahre als Korn-, Öl- und Sägemühle genutzt und 1977 abgebrochen wurde. Heute befindet sich auf dem ehemaligen Mühlengrundstück ein Privathaus. Zur Trinkwasserversorgung der Städte Köln und Bonn gab es in den 1930er-Jahren Planungen, den **Naafbach** aufzustauen und als Trinkwassertalsperre zu nutzen. So wurde dieser Talabschnitt von Bebauung freigehalten. 1973 gab es dann konkrete Planungen zum Talsperrenbau, der jedoch nach erfolgreichen Bürgerprotesten nicht weiterverfolgt wurde. 1982 wurde das Naafbachtal mit seinen Nebentälern unter Naturschutz gestellt. Seit 1999 ist das Naafbachtal als FFH-Gebiet (Fauna-Flora-Habitat) gemeldet, der Talsperrenstandort wurde 2003 aus dem Gebietsentwicklungsplan gestrichen.

*Die Agger bei Naafshäuschen*

Kurz vor Erreichen der K 16 lädt eine Bank zu einer Verschnaufpause ein, danach geht es auf dem gleichen Weg zurück durch das **Naturschutzgebiet Naafbachtal** bis **Kreuznaaf**, wo wir wieder die K 34 queren und durch das kleine Gewerbegebiet fahren. Nach Überquerung der B 484 radeln wir über die Brücke nach **Höngesberg**.

Nun geht es entlang der Agger über **Reelsiefen** weiter, der Weg wird ein wenig holprig, dafür entschädigt das herrliche Panorama der Aggeraue. Nach einer Weile erreichen wir den Wald, dort überqueren wir eine Holzbrücke und halten uns dann rechts. Über den Dornheckenweg gelangen wir nach **Donrath**. Am Ende der Donrather Straße queren wir in Höhe von „Rammes Gartenland" die große Kreuzung und radeln auf dem Radweg neben der B 484 weiter nach **Lohmar**. Über Nebenstraßen geht es durch eine Siedlung, später vorbei an der ehemaligen **Burg Lohmar** aus dem 14. Jh., eine ehemalige Wasserburg, die vermutlich widerrechtlich errichtet wurde. Aufgrund der Freundschaft des damaligen Erbauers mit dem Grafen von Berg genoss das Anwesen Bestandsschutz, durfte jedoch nicht als Festungsanlage ausgebaut werden. Heute befinden sich in der Anlage zwei Landwirtschaftsbetriebe. Neben der Burg lädt das Restaurant „Zur Alten Fähre" vor Überquerung der Agger zu einer Einkehr ein, bevor es auf der anderen Uferseite links durch eine Lücke in der Leitplanke weiter entlang des Aggerufers geht.

*Einfahrt zum Naafbachtal*

## An der Agger und im Naafbachtal – Viel Natur und ein altes Schiff

Jetzt erreichen wir das nächste **Naturschutzgebiet**, die südlichen Ausläufer der **Wahner Heide**, die sich an den Hängen der Aggeraue in Richtung Norden erstrecken. Die Wahner Heide ist landesweit das zweitgrößte Schutzgebiet. In der **Aggeraue** prägen die Altwässer mit Erlen, Eschen und Weiden sowie Eichen- und Ulmenwald und die Flachland-Mähwiesen das Landschaftsbild und erhöhen zusätzlich die Vielfalt des Heidegebietes. Insgesamt 2630 ha bieten rund 700 gefährdeten Pflanzen- und Tierarten ein Rückzugsgebiet. Hier befinden sich blühende Heiden, Moore und Bruchwälder, Tümpel und naturnahe Bäche sowie offene Dünenlandschaften. 1931 erhielt die Heide den Status eines Naturschutzgebietes, seit den 1990er-Jahren wurde sie als Flora-Fauna-Habitat-Gebiet gemeldet. Sie ist zudem als Vogelschutzgebiet anerkannt. Mit der Aufhebung des von Belgiern genutzten Truppenübungsplatzes kann der Weg entlang der Agger auch wochentags benutzt werden. Am Ende des Weges in Höhe des **Aggerstadions** geht es links auf den Hochwasserschutzdamm weiter, später unter der B 8 hindurch und auf der anderen Seite am **Aggerfreibad** vorbei. Nun radeln wir unter der Bahnlinie hindurch, am Bootsverleih vorbei und weiter auf dem Damm. An heißen Sommertagen werden die flachen Flussstellen am Wehr zur Abkühlung genutzt. Hinter der Mündung der Agger in die Sieg führt unsere Route durch den Troisdorfer Stadtteil Friedrich-Wilhelmshütte zum **Bahnhof Troisdorf**, unserem Zielpunkt.

*Naafbachaue (o.) und Agger (u.)*

## GPS TOUR 07

*An der Agger und im Naafbachtal – Viel Natur und ein altes Schiff* 76

### STRECKENBESCHREIBUNG

Vom **Bahnhof Overath** (Hinterausgang zum P&R-Platz) rechts→, den Radweg entlang der „Kreuzfahrerstr.", nach 300 m links← „Im Auel", wieder rechts→ „Jahnstr.", dann links← auf den Radweg der „Probsteistr.". Nach Queren der Agger rechts→ „Peréncistr.", am Schulzentrum vorbei, rechts→ „Cyriax", auf dem Radweg links der Straße (Einbahnstraße), über die Agger, links← auf den Radweg der B 484. Vorbei an **Aggerhütte** bis **Naafshäuschen**.

In Höhe der Bushaltestelle links← über die Agger (Vorsicht: eng gesetztes Drängelgitter!), hinter der Brücke rechts→ halten, später wieder rechts→ entlang der „Honsbacher Str.". In Höhe der „Seelscheider Str." (Bushaltestelle) halb links← (Weg mit dem Zeichen „Rad/Gehweg"), später durch **Neu-Honrath** auf „Schachenauelerstr." weiter (ab Tennisanlage für Kfz-Verkehr gesperrt) bis **Wahlscheid**. Dem Radwegezeichen folgen, am Spielplatz rechts→, dann links← in „Wahlscheider Str.".

Am Parkplatzes in Höhe der Kirche rechts→, unter der B 484 hindurch, am Aggerufer links←, später rechts→ „Schiffarther Str." über die Agger, dann links←. In Höhe **Gildenhof** an der Gabelung links←, am **Campingplatz Kreuznaaf** gabelt sich unsere Route.

(Beginn Abstecher) Um ins **Naafbachtal** zu gelangen, zuerst links←, geradeaus↑ über die B 484, geradeaus↑ durch Kreuznaaf, an der Gabelung links←, ein kurzes Stück bergan, in Höhe der Burg (Alte Mühle) die K 34 geradeaus↑ queren, nun in das **NSG Naafbachtal**. In der Folge geht es flussaufwärts über **Naafmühle** nach **Ingersauel**.

Zurück durch das NSG Naafbachtal, der Radwegweisung folgen. Kurz vor **Kreuznaaf** geradeaus↑ über die K 34, geradeaus↑ in den Wendehammer, in Höhe der Bushaltestelle über die B 484, geradeaus↑ über die Brücke nach **Höngesberg**. (Ende Abstecher)

Weiter entlang der Agger, den Pfeilwegweisern folgen, erst links←, in **Reelsiefen** links←, weiter entlang der Agger, im Wald links← über die Holzbrücke, dahinter links←, an der Umlaufsperre rechts→ „Dornheckenweg", später rechts→ „Donrather Str.". Auf dieser weiter bis zur großen Straßenkreuzung, die L 288 queren und nach links←, in Höhe von „Rammes Gartenland" rechts→, weiter auf den rechtsseitigen Radweg der B 484, später rechts→ in „Wiesenpfad", nach ca. 300 m links← „Altenrather Str.". Diese mündet in die K 10 („Kirchstr."), weiter über die A 3 und die Agger.

Nach Querung der Agger links← (Lücke in Leitplanke), in Richtung Troisdorf. Am Wegende (Aggerstadion) links← auf den Hochwasserschutzdamm, später in einem Linksversatz unter der B 8 hindurch, am **Aggerfreibad** vorbei, die Bahnlinie unterqueren, am Bootsverleih auf dem Damm weiter. Parallel zur „Mendener Str." weiter, am Mündungsbereich der Sieg vorbei, später die Brücke (Siegstr.) unterqueren, dahinter rechts→ hoch zur „Mendener Str.", diese ein Stück zurückfahren und im Schutz der Verkehrsinsel queren, auf diese links← und weiter geradeaus↑ auf dem Radweg, die Bahnlinie überqueren, durch den Ortsteil **Friedrich-Wilhelmshütte** geradeaus↑, am DB-Haltepunkt geradeaus↑, später geradeaus↑ „Willy-Brandt-Ring" queren, kurze Zeit später sind wir am Eingang zur Bahnsteigunterführung vom **Bahnhof Troisdorf**.

2 Touren

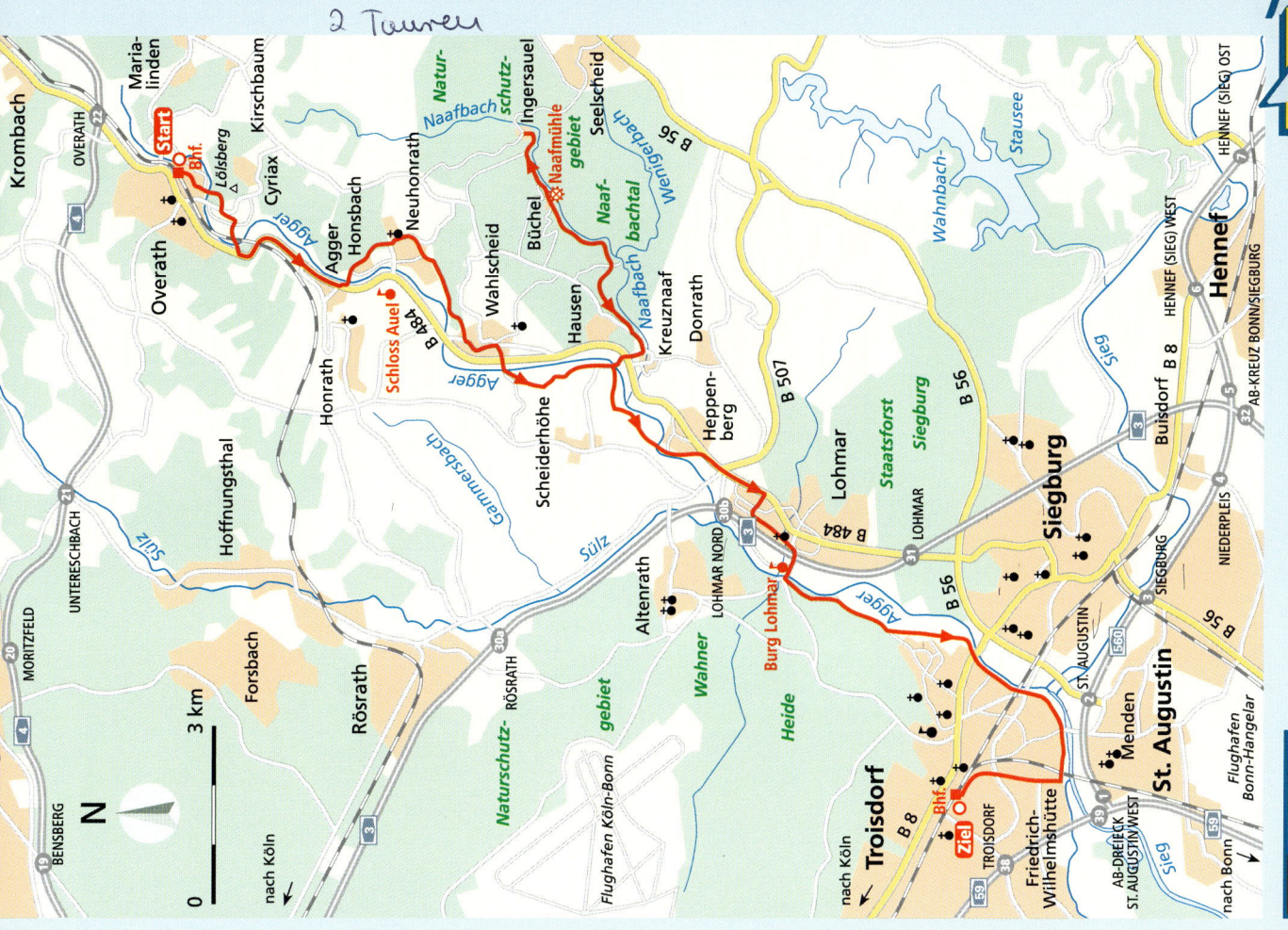

# 7

**An der Agger und im Naafbachtal – Viel Natur und ein altes Schiff** 78

**ADRESSEN UND INFORMATIONEN**

## Museen und Sehenswürdigkeiten

### Haus Auel mit Barockkapelle
(abseits der Route an der B 484)
Haus Auel 1, 53757 Lohmar-Wahlscheid
www.schlossauel.de

## Einkehrmöglichkeiten

### Landhotel Naafs-Häuschen
An der B 484, 53797 Lohmar, Tel. 02206/60 80
www.naaf.de

### Aggerschlösschen
Schiffarther Straße 25,
53797 Lohmar-Wahlscheid, Tel. 02206/90 99 29

### Gasthof „Altes Haus"
Donrather Straße 20, 53797 Lohmar-Donrath,
Tel. 02246/43 01

### Restaurant „Zur Alten Fähre"
Brückenstraße 18, 53797 Lohmar, Tel. 02246/45 61

*Erntezeit im Aggertal*

**ENTLANG DER WUPPER** – Dämme, Stauseen und viel Fachwerk

# 8 Entlang der Wupper

## Dämme, Stauseen und viel Fachwerk

**AUF EINEN BLICK**

**Start:** Bahnhof Marienheide, Anfahrt mit RB 25
**Ziel:** Bahnhof Remscheid-Lennep, Anfahrt mit RB 47
**Sehenswürdigkeiten:** Wipperfürth (alte Stadthäuser und Pfeilerbasilika), Altstadt von Hückeswagen mit Schloss, Altstadt von Lennep mit Röntgenmuseum und Tuchmuseum
**Einkehrmöglichkeiten:** Neye Hotel, Haus Kleineichen, Sport-Gaststätte Grün-Weiß Lennep
**Länge der Strecke:** ca. 33 km
**Schwierigkeitsgrad:** mittel, einige Steigungen und schlechte Wegeabschnitte im Bereich der Wuppertalsperre, Steigung zwischen Dörperhöhe und Remscheid-Repslöh
**Charakteristik:** bis Wipperfürth angenehmes Radeln auf der alten Bahntrasse, danach einige Steigungen und Gefälleabschnitte. Ortsdurchfahrten ohne Radwege in Wipperfürth und Hückeswagen. Wegen der Steigungen und einiger schmaler, unbefestigter Abschnitte sowie Ortsdurchfahrten auf Bundesstraßen für Kinder wenig geeignet; ein geländegängiges Fahrrad wird empfohlen. Für Fahrradanhänger eher ungeeignet.
**Ausschilderung:** Die Tour ist ausgeschildert mit Fahrradwegweisern nach der landesweiten Radwegweisung NRW, mit dem Routenlogo „Wasserquintett" sowie abschnittsweise mit dem Logo der „Historischen Dörfer und Stadtkerne".

**GPS TOUR 08** abrufbar unter www.bachem-verlag.de

*Vorherige Seite: Mitten im Bergischen Land – die Wuppertalsperre*

DIESE TOUR führt mitten durch den Naturpark Bergisches Land und verläuft bis Wipperfürth auf der Bahntrasse der alten oberbergischen Hauptstrecke, später am Segelflughafen Neye vorbei nach Hückeswagen. Von dort führt die Route entlang der Wuppertalsperre, ab Dörperhöhe geht es aus dem Tal der Wupper bergauf nach Remscheid, vorbei an der Panzertalsperre zum Ziel unserer Tour, der Altstadt von Lennep.

Die Wupper ist der größte und bedeutendste Fluss im Bergischen Land. Sie entspringt als Wipper bei Börlinghausen in den Höhen des Oberbergischen Landes und mündet nach etwa 113 km und gut 400 Höhenmetern mit durch-

*Herbst an der Wuppertalsperre*

schnittlich 3,5 % Gefälle bei Leverkusen in den Rhein. Die Wupper verläuft mit einem ausgedehnten nördlichen Bogen von Ost nach West. Sie durchfließt die Städte und Gemeinden Marienheide, Wipperfürth, Hückeswagen, Radevormwald, Wuppertal, Remscheid, Solingen und Leichlingen, bis sie in Leverkusen in den Rhein mündet. In ihrem Einzugsgebiet von 827 km² leben ca. 900 000 Menschen. Als Wipper gab der Fluss der Stadt Wipperfürth wie auch weiteren Ortsteilen entlang der Wupper ihren Namen. Trotzdem wird der Fluss (heute) bereits ab der Einmündung der Kerspe in Höhe Klaswipper „Wupper" genannt. Der Name Wipper leitet sich vermutlich vom Wippen des Wassers über die Steine im Bach beziehungsweise Flussbett her, bedeutet also sich schnell bewegendes Wasser.

Vom **Bahnhof Marienheide** geht es über den Bahnhofsvorplatz und später auf der B 256 ortsauswärts. Am Kreisel stoßen wir auf den Radweg entlang der **alten Bahntrasse** der Oberbergischen Bahn in Richtung Wipperfürth, den wir nun auch bis Wipperfürth nutzen. Mit dem Bau der Eisenbahn begann die Erschließung des Bergischen Land als Industrie- und Gewerberegion. Bis Mitte der 1980er-Jahre konnte man von Remscheid-Lennep nach Marienheide mit der Bahn fahren. Diese Trasse war ein Teilstück der alten „oberbergischen Hauptstrecke" von Wuppertal über Gummersbach

*Stressfreies Radeln auf dem Bahndammradweg an der Wupper*

*Entlang der Wupper – Dämme, Stauseen und viel Fachwerk*

*Basilika St. Nikolaus in Wipperfürth*

trächtigen. Nach Passieren von **Gogarten** sieht man erstmals die Wipper rechts neben dem Bahndamm. Kurz darauf passiert die Route den Ortsteil **Ohl**, hier muss das Fahrrad nach Queren der Straße ein kurzes Stück bergauf geschoben werden, bevor es auf dem alten Bahndamm weitergeht.

Die Route führt vorbei an **Niederklüppelberg**, **Klaswipper**, **Böswipper**, **Neuensturmberg** und am Gewerbegebiet bei **Leiersmühle**, dort befand sich, als es noch keine Brücken gab, eine Furt zum Durchqueren des Flusses. Am Ortsbeginn von Wipperfürth geht es nach Querung der Bundesstraße weiter über das **Freizeitgelände Ohler Wiesen**, dort spannt sich eine alte Stahlbrücke der ehemaligen Bergischen Bahn über die Wupper, dahinter führt uns die Tour links in die älteste Stadt des Bergischen Landes, **Wipperfürth**, hinein. Dieser heute etwa 23 000 Einwohner zählende Ort wurde 1131 erstmals erwähnt und erhielt 1217 Stadtrechte. Wipperfürth war im 13./14. Jh. als eine der vier bergischen Hauptstädte ein bedeutender Marktort und Handelsplatz. Nach einem großen Brand gegen Ende des 18. Jh. wurde die Stadtbefestigung abgetragen. Den Brand überstanden hat die romanische Pfeilerbasilika St. Nikolaus aus dem Jahr 1141. Das Bild der Altstadt ist geprägt von schieferverkleideten Fachwerkhäusern. In der Altstadt mit seinem noch erkennbaren mittelalterlichen Straßengrundriss laden viele Gasthöfe und Cafés zu einer Pause ein.

nach Dieringhausen und weiter bis Waldbröl. Nach Entfernen der Gleise in den 1990er-Jahren wurde dieses Teilstück ab 2001 für den Radverkehr erschlossen. In der Folge müssen einige fehlende Brücken- und gesperrte Tunnelabschnitte auf der B 265 umfahren werden, doch insgesamt ist das Radeln auf dieser ehemaligen Bahntrasse ein Genuss, da keine Autos, Lärm und Abgase das Radelerlebnis beein-

*Entlang der Wupper – Dämme, Stauseen und viel Fachwerk*

## Tour 8

Wipperfürth verlassen wir über eine spiralförmige Auffahrt zur Hauptverkehrsstraße, von der es später links weiter nach **Neye** geht. Dort fahren wir am Gelände des **Segelflugplatzes** vorbei über **Heide** und **Kleineichen** nach **Hückeswagen**. Der Ort wurde 1085 erstmals als Sattelhof erwähnt, dieser war Ausgangspunkt der weiteren Besiedelung und der Errichtung der späteren Festung, die 1260 in den Besitz der Grafen von Berg überging. Mitte des 14. Jh. war Hückeswagen ein Bergisches Amt mit Sitz der Landesherrlichen Beamten auf dem **Schloss**. Geprägt wurde der Ort von seiner Eisen- und Tuchindustrie. Im Jahre 1859 erhielt Hückeswagen Stadtrechte nach der Rheinischen Städteordnung. Der Stadtkern unterhalb des Schlosses ist trotz zweier Großbrände Ende des 18. Jh. wieder geprägt von Fachwerkbauten im typisch bergischen Stil.

Über die B 483 verlassen wir den Ort und fahren durch das Gewerbegebiet zum Beginn der Wuppertalsperre. Nach der Hektik auf den Straßen der bergischen Städte ist das Radeln entlang der Wuppertalsperre eine Wohltat. Im Herbst spiegelt sich das bunte Laub der Wälder an der Wasserfläche des Stausees. Die 1989 fertiggestellte **Wuppertalsperre** ist eine Brauchwassertalsperre; sie dient der Niedrigwasseraufhöhung, dem Hochwasserschutz und der Wasserkrafterzeugung. Bei ihrem Bau versanken zahlreiche Ortschaften, Industrieanlagen und Verkehrswege im aufgestauten Becken. Der schmale Uferweg wird später deutlich breiter und führt kurze Zeit später bergan. Hinter **Dürhagen** geht es wieder auf einen schmaleren Weg weiter in Richtung Remscheid. Nun müssen wir besonders aufpassen, da dieser unbefestigte Wegabschnitt auf der Gefällestrecke fahrerisches Können erfordert. An der Sohle angekommen, geht es weiter am Ufer des Stausees entlang bis **Dörperhöhe**. Hier ver-

*Ehemaliger Güterschuppen am Bahndammradweg*

*Entlang der Wupper – Dämme, Stauseen und viel Fachwerk* 84

lassen wir den Einzugsbereich der Wupper und fahren bergauf bis zum Weiler **Repslöh**, ab dort wieder bergab zur Staumauer der **Panzertalsperre**, der 1893 fertiggestellten zweitältesten Trinkwassertalsperre bundesweit. Heute hat die Talsperre keinen wasserwirtschaftlichen Nutzen mehr, sondern ist ein Ausflugsziel im Stadtwald von Lennep. Das Wasserwerk wurde 1990 außer Betrieb genommen, die Staumauer steht unter Denkmal- und die Zuflüsse unter Naturschutz.

Weiter bergab in **Hasenberg** geht es durch einen Grünzug. Dabei müssen wir uns an einer Gabelung links halten, hier fehlt ein Wegweiser. In Höhe des mongolischen Restaurants geht es links auf dem Radweg neben der B 229 weiter über eine Kreuzung und durch die Mühlenstraße in die **Altstadt** von **Lennep**. Das seit 1276 als Bergische Stadt bezeugte Lennep wurde im 14. Jh. mit Markt-, Münz- und Zollrecht ausgestattet. Wegen seiner günstigen Lage am Schnittpunkt zweier Handelsstraßen übernachteten und versorgten sich in Lennep viele durchreisende Händler. Ebenso wie Wipperfürth war Lennep eine der vier Bergischen Hauptstädte. Wichtigster Wirtschaftsfaktor war seit dem 14. Jh. die Tuchindustrie, im **Tuchmuseum** ist diese Entwicklung dokumentiert. Kaufleute nutzten die Lage der Stadt und beteiligten sich am Fernhandel. Die prosperierende Entwicklung wurde

*Kirche und Marktplatz in Lennep*

*Entlang der Wupper – Dämme, Stauseen und viel Fachwerk*

## Tour 8

1746 durch einen Großbrand gestoppt. Der Wiederaufbau der Stadt im Stil des Bergischen Barocks auf dem mittelalterlichen Stadtgrundriss vollzog sich nur schleppend. Erhalten geblieben ist die Wohnbebauung des 18./19. Jh. mit Satteldächern in Fachwerk oder Verschieferung sowie grünen Schlagläden und – früher – roten Ziegeldächern. In einem dieser Wohnhäuser ist das **Röntgen-Museum** untergebracht. Der 1845 in Lennep geborene Wilhelm Conrad Röntgen hat als Physiker mit seiner Entdeckung der nach ihm benannten Röntgenstrahlen die Medizin revolutioniert.

Nach Verlassen der Altstadt geht es über die Kölner Straße am Hertie-Kaufhaus zuerst ein Stück geradeaus, nach wenigen Metern rechts bergauf und vorbei am ehemaligen **Amtsgerichtsgebäude** zum **Bahnhof Lennep**, dem Ziel unserer Tour durch das Bergische Land.

*Wupperaue bei Krummenohl*

## GPS TOUR 08

*Entlang der Wupper – Dämme, Stauseen und viel Fachwerk* ▮ 86

### STRECKENBESCHREIBUNG

Vom **Bahnhof Marienheide** über den Bahnhofsvorplatz, links← „Zur Alten Post", dann rechts→ „Leppestr.", an der kommenden Ampel links← auf die B 256 (kein Radweg!). Hinter dem Rathaus auf Radweg links← der Straße, am Kreisel den Weg der ehem. Bahntrasse benutzen. In der Folge verläuft der Radwanderweg parallel oder unmittelbar neben der B 256. Nach Passieren von **Gogarten** geht es bis **Ohl**, hier Rechtsversatz über „Dohrgauler Str." (schmales Drängelgitter!), dann weiter auf der Bahntrasse. Vorbei an **Niederklüppelberg**, **Klaswipper**, **Böswipper**, **Neuensturmberg** und am Gewerbegebiet bei **Leiersmühle**, am Ortsbeginn von Wipperfürth die B 506 vorsichtig queren, über das **Freizeitgelände Ohler Wiesen**, über die Stahlbrücke die Wupper queren, links←, dann der Straße folgen und an der Ampel rechts→ durch die Ortsmitte von **Wipperfürth**.

Nach Verlassen der „Hochstr." an der Ampel rechts→, sofort wieder rechts→, dann links← „Bahnstr.". Später links← halten, über die Wupper, am Parkplatz unter der Brücke auf den Gehweg (Vorsicht: sehr versteckte Wegweisung!) den rechtsbogigen Aufgang zur Hauptverkehrsstraße, an der Kreuzung links← auf dem linksseitigen Radweg nach Neye weiter „Egenerstr.". Kurz vor **Neye** links← (Neye-Hotel) „Beverstr.", über **Heide** bis **Kleineichen**, dort links← in Richtung Hückeswagen. In der Folge rechts→ von der Straße weg, an Tierklinik vorbei, rechts→ auf Radweg der B 237 durch Hückeswagen, an der B 483 rechts→ in Richtung Radevormwald, sofort links← „Mühlenweg", der Wegweisung folgen (Fa. Pflitsch) bis Wendehammer, dort links← und in der Folge immer links entlang der Wuppertalsperre. Nach 1000 m rechts→ auf breiten Weg, später asphaltiert, kurze Zeit später bergauf. Hinter der Schranke rechts→ nach **Dürhagen**, am Wendehammer auf einem schmalen Pfad links← in Richtung Remscheid. Später rechts→, um eine Schranke, zuerst bergauf, dann steiler bergab (Vorsicht: ungefestigter Wegabschnitt!). Unten weiter entlang des Stausees bis **Dörperhöhe**, die L 412 überqueren (!), weiter geradeaus↑ in Richtung Remscheid-Hasenberg. Später bergauf bis **Repslöh**, dort rechts→, bergab zur **Panzertalsperre**, unten rechts→, an der Gabelung in Höhe der Staumauer geradeaus↑ bergab. Unten am Ortsbeginn von **Hasenberg** links←, sofort wieder rechts→ in Richtung Lennep.

Weiter links← durch einen Grünzug (Vorsicht: Wegweiser fehlt!), am Restaurant „Himalaya" links← auf B 229, auf den linksseitigen Radweg geradeaus↑ weiter. An der nächsten Kreuzung die Fahrbahnseite wechseln und geradeaus↑ weiter durch „Mühlenstr.", in die **Altstadt von Lennep**. Der Wegweisung durch die Altstadt folgen, also rechts→ in „Wallstr.", am **Röntgen-Museum** vorbei, dann links← „Berliner Str." bis zum **Kirchplatz**, um die Kirche herum, links←, dann rechts→ durch „Kirchgasse" und „Wetterauer Str." zur „Kölner Str." Die Altstadt verlassen, weiter auf der „Kölner Str.", zuerst geradeaus↑, nach wenigen Metern rechts→, bergauf zum **Bahnhof Lennep**.

*Bahntrassenradweg bei Marienheide*

2 Touren

B 51
Herbeck
Radevormwald
Bergerhof
B 229
1
Ziel
Röntgenmuseum
ennep
Bhf.
Wupper-
Halver
B 229
B 229
Naturpark
MSCHEID
95
Hasenberg
tal-
Dörper-
höhe
Panzer-
Stausee
Bergisches
Dürhagen
sperre
ch
mscheid
B 51
Dörpeb.
Land
B 483
Bevertal-
sperre
Anschlag
Bergisch-Born
Kreuzberg
B 237
Hückeswagen
Schloss
Neyetalsperre
Kupferberg
Wermelskirchen
Kleineichen
NSG
N
Heide
Schevelinger
Talsperre
NSG
Wupper
Neye
Wasserfuhr
Kerspe-
Talsperre
Niederwipper
3 km
Wipperfürth
Basilika St. Nikolaus
Klaswipper
B 237
Ohl
Rönsahl
Gaulbach
395 m
Klüppelberg
Wupper
Lingese-
stausee
Dhünn
B 506
B 256
Große Dhünntalsperre
Schmitz-
wipper
Bhf.
Start
Thier
Marienheide

# 8

Entlang der Wupper – Dämme, Stauseen und viel Fachwerk   88

## ADRESSEN UND INFORMATIONEN

### Museen und Sehenswürdigkeiten

**Deutsches Röntgenmuseum**
Schwelmer Straße 41, 42897 Remscheid-Lennep,
Tel. 02191/16 33 84
www.roentgen-museum.de

**Tuchmuseum**
Hardtstraße 2, 42897 Remscheid-Lennep,
Tel. 02191/66 92 64
www.bergisches-staedtedreieck.de/tuchmuseum_lennep

### Einkehrmöglichkeiten

**Neye-Hotel**
Joseph-Mäurer-Straße 2, 51688 Wipperfürth-Neye,
Tel. 02267/8 86 20
www.neye-hotel.de

**Restaurant Haus Kleineichen**
Bevertalstraße 44, 42499 Hückeswagen-Kleineichen,
Tel. 02192/43 75
www.haus-kleineichen.de

**Sport-Gaststätte Grün-Weiß Lennep e.V.**
Rath 25, 42855 Remscheid, Tel. 02191/6 23 80

*Entlang der Wuppertalsperre (l.), Pegelhaus der Panzertalsperre (r.)*

**9**

Am Unterlauf der Wupper – **Hämmer, Kotten und ein fleißiger Fluss**

BACHEM TOUREN 9

# 9 Am Unterlauf der Wupper

## Hämmer, Kotten und ein fleißiger Fluss

### AUF EINEN BLICK

**Start:** Bahnhof Remscheid-Güldenwerth, Anfahrt mit RB 47
**Ziel:** Bahnhof Leverkusen-Mitte, Anfahrt mit S 6, RE 1 und RE 5
**Sehenswürdigkeiten:** Burg an der Wupper, Balkhauser Kotten, Wipperkotten, Haus Vorst, Reuschenberger Mühle, Neuland-Park, EVL-Wasserturm
**Einkehrmöglichkeiten:** Landhaus Glüder, Landhaus Wupperhof, Haus Rüden, Haus Fähr, Gasthaus Haasenmühle
**Länge der Strecke:** ca. 38 km
**Schwierigkeitsgrad:** eher leicht, einige kurze, kräftige Steigungen
**Charakteristik:** meist autofrei, kurz vor Burg geht es entlang einer stark Kfz-frequentierten Landstraße, ansonsten entlang der Wupper mit wechselnder Wegbeschaffenheit. Für Kinder mit etwas Touren-Erfahrung und auch für Fahrradanhänger geeignet. Die Tour kann in Leichlingen sowie in Opladen abgebrochen werden (Routen zu den Bahnhöfen sind jeweils ausgeschildert).
**Ausschilderung:** Die Tour ist ausgeschildert mit Fahrradwegweisern nach der landesweiten Radwegweisung NRW, abschnittsweise sind weitere Logos („Wupperaue" in Leverkusen, „Erlebnisweg Rheinschiene" in Leverkusen) angebracht.

**GPS TOUR 09** abrufbar unter www.bachem-verlag.de

*Vorherige Seite: Balkhauser Kotten in Solingen*

DIESE TOUR verläuft meist abseits der verkehrsreichen Straßen durch das in vielen Teilen unter Naturschutz gestellte Tal der Wupper. Geprägt wird diese Tour von zahlreichen Hämmern und Kotten entlang des Flusses, die inzwischen meist in Privatwohnungen oder Ausflugslokale umgewandelt sind. Zwei Kotten können jedoch besichtigt werden. Eine Schiffssteganlage sowie der auf dem Landesgartenschaugelände entstandene Neuland-Park sind weitere Höhepunkte auf dieser Tour.

*Entlang der Wupper bei Burg*

# Am Unterlauf der Wupper – Hämmer, Kotten und ein fleißiger Fluss

## Tour 9

Die aus Richtung Wuppertal kommende Wupper fließt östlich an Solingen vorbei, durch den historischen Stadtteil Burg und weiter entlang zahlreicher Kotten und Fachwerksiedlungen. Im Unterlauf geht ihre Reise über Leichlingen und Opladen bis zu ihrer Mündung in den Rhein bei Leverkusen-Rheindorf. Kurz vorher mündet linksseitig ihr einziger Nebenfluss, die Dhünn, ein. Der Mündungsbereich beider Flüsse wurde bei Umbauarbeiten kanalisiert und mehrmals verlegt. Bis zur Jahrhundertwende kam es, bedingt durch hohe Niederschläge und ausgeprägtes Gefälle, häufig zu Hochwasser. Mit dem Bau von Talsperren ab 1890 konnte der Abfluss besser reguliert werden. Der Name Wipper/Wupper gab auch den Solinger Ortschaften Wippe, Wipperaue und Wipperkotten ihren Namen. Wegen der zahlreichen Mühlen, Kotten und Hammerwerke galt die Wupper im 19. Jh. als „der fleißigste Fluss Deutschlands".

*Einst Hammer, heute Wohnhaus – Ehlishammer im Lobachsiefen*

Vom **Bahnhof Remscheid-Güldenwerth** geht es auf der Rückseite des Bahnhofs bergab durch **Vieringhausen** in das **Lobachtal**. In Höhe der Mühlenteiche verläuft unsere Flusstour durch den Wald, hierbei müssen wir auf die offenen Abflussrinnen im Weg achten. Die schon in die Jahre gekommenen Info-Tafeln des Industriegeschichtspfades weisen auf bedeutende, die frühzeitliche Industriephase der Region prägende Hammerwerke, Mühlen und Kotten hin. In Höhe eines Schieferhauses, dem **Diederichskotten**, biegen wir in das **Eschbachtal** ein. Im Ortsteil **Tyrol** zeugen alte Fabriken von der früheren Bedeutung der Region als Industriestandort. Über eine recht belebte Landesstraße geht es weiter bis zum Solinger Stadtteil **Burg**, direkt **an der Wupper** gelegen.

*Am Unterlauf der Wupper – Hämmer, Kotten und ein fleißiger Fluss*

Brückenbauwerk informieren kann. Allerdings muss an Wochenenden und Feiertagen mit sehr vielen Wanderern und Spaziergängern gerechnet werden.

Vom Tal aus nicht zu sehen, doch mit der Seilbahn bequem zu erreichen ist die 200 m über der Wupper thronende Burganlage, die 1133 erstmals erwähnt wurde und von der aus die Grafen von Berg die Geschichte und die Geschicke des Bergischen Land maßgeblich bestimmten. Die Burg wurde im 30-jährigen Krieg zerstört, danach erst im 19 Jh. umfassend saniert und durch einen Förderverein unter anderem für den einsetzenden Fremdenverkehr in Wert gesetzt. Dass Burg an der Wupper kein Geheimtipp ist, bezeugen die zahlreichen Tagesgäste sowohl auf der Burganlage als auch in den Gasthöfen am Tal der Wupper vor allem an sonnigen Wochenenden und Feiertagen.

Nach dem Aufenthalt in Burg geht es weiter am Klärwerk vorbei und über Waldwege entlang der Wupper. Hierbei weisen uns Tafeln auf die Funktion und Aufgaben des Wupperverbandes sowie am anschließenden Geo-Lehrpfad über Quellaustritte aus dem Felsgestein hin. Kurz danach queren wir erstmals die Wupper. Vorbei am städtischen Wasserwerk geht es später rechts erneut über den Fluss nach **Glüder** hinein. Hinter dem Campingplatz lohnt der Besuch des **Balk-**

Wer sich das Industriedenkmal an der Wupper, die über 110 Jahre alte **Eisenbahnbrücke** ansehen möchte, dem sei ein Abstecher rechts in die Müngstener Straße empfohlen.
Nach etwa 3 km gelangt man mit der neuen handbetriebenen Schwebefähre in den **Müngstener Park**, ein Projekt der Regionale 2006, wo man sich über das

*Kanuspaß auf der Wupper*

*Am Unterlauf der Wupper – Hämmer, Kotten und ein fleißiger Fluss*

## Tour 9

hauser Kottens. Hier wird in einem wieder aufgebauten Schleifwerk (so die Bedeutung von „Kotten") die Geschichte der bergischen Industrie veranschaulicht. Ein Stück bergan erreichen wir **Balkhausen** mit seinem typisch bergischen Fachwerkhausbestand. Trotz Sackgasse fahren wir geradeaus weiter, hinter dem Ort beginnt das **Naturschutzgebiet „Tal- und Hangbereiche der Wupper mit Seitenbächen"**. Nach einer weiteren Steigung erreichen wir auf der anderen Seite den Solinger Ortsteil **Wupperhof**, hier lädt im Sommer ab den frühen Abendstunden ein schöner Biergarten zum Verweilen ein.

Dieser **Abschnitt der Wupper** steht heute unter Naturschutz. Früher gab es im Tal der Wupper bis zu 60 % Buchenanteil, heute findet sich lediglich ein Restbestand von gerade einmal 5 %. Mit der starken Nutzung des Wassers sowie der jahrhundertelangen Zuleitung von Abwasser ging der natürliche Bestand der Flora und Fauna zurück. Heute haben sich dank Einführung moderner Klärtechniken wieder flusstypische Pflanzen und Tiere angesiedelt.

Die Tour verläuft weiter durch das Tal der Wupper bis **Oberrüden**, wo uns bergische Küche im Fachwerkambiente zum Einkehren lockt. Entgegen der dortigen Wegweisung bleiben wir auf dieser Seite der Wupper und radeln auf der Straße weiter vorbei an den ehemaligen Kotten in **Friedrichstal** zum

**Wipperkotten**. Dieser bereits in 1605 erwähnte Kotten ist bis heute der einzige original erhaltene Solinger Schleifkotten. Der Kotten wurde trotz zweier zerstörerischer Brände wegen seiner elementaren Bedeutung wieder aufgebaut. Die Wasserkraftanlage wird noch immer zum Antrieb der Schleifstellen genutzt, dient heute als Atelier und Ausstel-

*Badefreuden an den Wupperwiesen in Opladen*

*Die Schere als Symbol der Klingenstadt Solingen*

lungsraum, bietet aber auch – nach Vorbestellung – die Deftigkeiten einer Bergischen Kaffeetafel mit Dröppelmina, Stuten und Marmelade, Schwarzbrot und Quark, Waffeln und Reis und bei Bedarf mit einem Korn. Außerdem erfährt man vieles über den Kampf der Umweltschützer seit fast 40 Jahren, die erreichen konnten, dass aus der verseuchten Wupper ein Fluss mit sauberem, klarem Wasser der Güteklasse 2 wurde. Für ihre Initiative gab es 1984 die erste Umweltschutz-Medaille bundesweit.

Über **Wipperaue** geht es weiter nach **Haasenmühle**, ab hier über einen Radweg nach **Leichlingen. Nach Durchqueren** der Einkaufstraße (ab hier kann die Tour abgebrochen werden, dann geht es rechts bergan zum Bahnhof) fahren wir über den Wallgraben weiter geradeaus und parallel zur Bahnlinie Wuppertal – Köln bis zum Abzweig nach **Haus Vorst**. Diese aus dem 14. Jh. stammende Burg ist heute in Privatbesitz einer Erbengemeinschaft des Malers Werner Peiner und beherbergt ein kleines Museum. Die Innenhofanlage kann besichtigt werden. Am Abzweig geht die Tour geradeaus weiter, allerdings wird man auf der abschüssigen Fahrt ein wenig durchgeschüttelt. Unterhalb der Eisenbahnbrücke queren wir über eine kleinere Brücke die Wupper. Der folgende Abschnitt verläuft auf eher schmalen und unbefestigten Wegen, erst nach Überquerung der Gleise stoßen wir auf aspaltierte Wege. Über eine Platanenallee errei-

95 | *Am Unterlauf der Wupper – Hämmer, Kotten und ein fleißiger Fluss*

*Tour 9*

„Radelgruppe" im Leverkusener Neuland-Park

*Am Unterlauf der Wupper – Hämmer, Kotten und ein fleißiger Fluss* 96

chen wir kurz danach die Wupperaue von **Ruhlach**. Seit die Wupper wieder sauber ist, haben immer mehr Freizeitsportler den Fluss für sich entdeckt. An manchen Sommertagen wimmelt es von Kanus und Kajaks, und an den Einstiegsstellen und Rastplätzen, so auch hier, ist einiges los.

Nach einer Pause geht es unter der Bundesstraße und durch eine Kastanienallee über eine große Straßenkreuzung, kurz danach rechts. Noch vor dem Tierheim folgen wir der Wegweisung in Richtung Rheindorf, kurz darauf radeln wir am Mühlengraben entlang. Bevor wir die Bahnlinie unterqueren, sehen wir links von uns das alte **Rittergut Reuschenberg**. Hiervon erhalten geblieben ist allerdings nur die ehemalige Vorburg, die als Reiterhof genutzt wird. Der **Mühlengraben**, der eine Wupperschleife verkürzt, versorgte einst die **Reuschenberger Mühle** mit Wasserenergie. In dem heute klassizistischen Gebäude wurde schon vor Jahrhunderten Getreide zu Mehl, Rinde zu Lohe gemahlen sowie Öl aus Samen und Nüssen gepresst. Die heutige Anlage wurde 1839/40 mit dem Bau des Grabensystems errichtet, das Mühlengebäude einige Jahre später, 1847. Heute wird der Bau von kleinen Handwerkerfirmen und Dienstleistungsbetrieben genutzt.

Weiter geht unsere Tour auf dem Dammweg, dieser endet später an der L 293. Wer jetzt genug gestrampelt hat, kann ab hier der Wegweisung folgend auf dem Dammweg entlang

*Über die Wupper*

# Am Unterlauf der Wupper – Hämmer, Kotten und ein fleißiger Fluss

## Tour 9

der Dhünn flussaufwärts nach Wiesdorf abkürzen. Wir aber fahren weiter und es geht rechts über die Brücke, dann im 180 Grad-Winkel nach rechts, ein Stück zurück und unter der L 293 hindurch auf der rechten Seite der Wupper weiter. Kurze Zeit später sieht man die Mündung der ebenfalls aus dem Bergischen Land kommenden Dhünn. Die vor uns aufragende Deponie war der Grund für Flussverlegungen sowohl der Dhünn als auch der Wupper, beide mündeten einst getrennt in den Rhein. Mit Erreichen der **ehemaligen Wupperschiffsbrücke** – ihre Renaissance ist im Rahmen der „Regionale 2010" geplant –, verlassen wir den Uferweg entlang der Wupper, die 500 m weiter westlich in den Rhein mündet. Über den „Erlebnisweg Rheinschiene" fahren wir, die Wupper ein letztes Mal über die Schiffsbrücke überquerend, weiter entlang der Autobahn bis zur „**Wacht am Rhein**", ab dort in einem Bogen durch den oberen Teil des **Neuland-Parks**, dem früheren Gelände der Landesgartenschau. Am Scheitelpunkt angekommen, sieht man ein Wahrzeichen von Leverkusen, den **Wasserturm** des kommunalen Energieversorgers EVL in Bürrig. Auf der Plattform des 72 m hohen Turmes offenbart sich bei klarem Wetter ein Blick bis ins Siebengebirge. Danach geht es noch ein Stück entlang der **Dhünn**, durch die Fußgängerzone und über den neuen Rialto-Boulevard, bevor unsere Tour am **Bahnhof Leverkusen-Mitte** endet.

## STRECKENBESCHREIBUNG

Vom **Bahnhof Remscheid-Güldenwerth** (Rückseite, P&R) **links←**, an der kommenden Gabelung **geradeaus↑**, später **rechts→**, bergab durch „Julius-Leber-Str.", dann im spitzen Winkel trotz Sackgasse **rechts→** „Brückenstr.", danach **links←**, am Ende der Siedlung **rechts→** der Wegweisung in Richtung Burg folgen nun auf einem Waldweg und bergab (Vorsicht: Abflussrinnen!) durch den Wald am **Lobach** entlang. In Höhe Schieferhaus **rechts→**, nun im **Eschbachtal**. Im Ortsteil **Tyrol** stößt die Route auf die L 407, der wir **geradeaus↑** (Vorsicht: keine Radwege, außerdem starker Kfz-Verkehr) bis **Solingen-Burg** folgen.

**Abstecher Müngtener Brücke:** Kurz vor Überqueren der Wupper rechts in „Müngstener Str." und etwa 3 km der Wanderwegemarkierung in Richtung **Müngstener Brücke** folgen.

Weiter die Vorfahrtsstraße trotz Sackgasse in „Hasencleverstr.", am Wendehammer **geradeaus↑** in den Wald, nun bergauf, hinter dem Klärwerk wieder bergab, immer am Ufer der Wupper (links von der Route) entlang.

*Moderne Brückenarchitektur im Neuland-Park*

# GPS TOUR 09

*Am Unterlauf der Wupper – Hämmer, Kotten und ein fleißiger Fluss* | 98

## STRECKENBESCHREIBUNG

Später in einer **Rechtsschleife** über einen Nebenbach, dann links← über die Wupper, hinter dem Tierheim (Strohn) rechts→, am Stadtwerk (Glüder) vorbei, rechts→ auf die K 4, über die Wupper, nun durch **Glüder**. Weiter auf der K 4 vorbei am **Balkhauser Kotten**, bergauf, links← in die Sackgasse, durch **Balkhausen**, am Ortsende bergab, über Feldweg entlang der Wupper, später kurz bergauf, am Scheitelpunkt rechts→ und wieder bergab. In **Wipperhof** rechts→ auf die L 427, kurz danach links← „Wüsterhof". Weiter nach **Oberrüden**, in Höhe Haus Rüden entgegen der Wegweisung geradeaus↑, über **Friedrichstal** (Oberfriedrichstaler und Unterfriedrichtaler Kotten) und den Hohlenpuhler Weg weiter, links← „Laacher Str.", am **Wipperkotten** vorbei, über **Wipperaue** bis zum Gasthof **Haasenmühle**, hier links← auf die K 1 in Richtung Leichlingen (Vorsicht: unklare Radwegeführung!), dort auf den linksseitigen Radweg. Vor Leichlingen links← „In der Meffert", wieder links←, an der kommenden Gabelung rechts→ (Vorsicht: Zwischenwegweiser fehlt!) In Höhe „Bikers Point" links← „Märzgäßchen", an der Kirche St. Johann Baptist rechts→ „Kirchstr.", am Kreisel geradeaus↑, über die Wupper, weiter durch die Einkaufsmeile, an deren Ende rechts→ „Montanusstr.". Weiter geradeaus↑, die „Bahnhofstr." queren, am Rechtsknick geradeaus↑ weiter in „Brückenstr.", diese bergan, vorbei an Aldi, nun parallel zur Bahnlinie wieder bergan, hinter Abzweig nach Haus Vorst geradeaus↑, bergab (ungefestigter Wegabschnitt!) bis zur Querung der Wupper, danach rechts→, über einen schmalen Weg in den Auenwald, später kurz vor Verlassen des Waldes links←, parallel zur Güterzugstrecke bis zum Übergang, die Bahnlinie überqueren, an der kommenden Gabelung links← (Vorsicht: Zwischenwegweisung fehlt!). Der Weg endet nach einer Weile, wir biegen rechts→ ab „Eisbachstr."; an der nächsten Gabelung geradeaus↑, weiter auf dem Damm bis zu den **Wupperauen** (Ruhlach).
Hinter Fußgängerbrücke halblinks←, weiter bis zur Straße „Am Weiher", dort rechts→. Später rechts→, unter der B 8 hindurch, durch Kastanienallee, den Straßenknoten „Bonner Str./Raoul-Wallenberg-Str." queren und links← auf Radweg weiter, dann rechts→, an der kommenden Gabelung geradeaus↑, unter der A 3 hindurch, dahinter halblinks← auf einen Waldweg, weiter parallel zum „Mühlengraben".
Nach Unterquerung der Bahnlinie rechts→, an **Bürrig** vorbei, geradeaus↑ an der **Reuschenberger Mühle** vorbei, noch einmal rechts→. Dammweg mündet auf die L 293, rechts→ über Brücke, Straße verläuft im Linksbogen in Richtung Rheindorf. An der kommenden Gabelung im spitzen Winkel rechts→, parallel zur L 293 ein Stück zurück, an der nächsten Gabelung rechts→, die Straße unterqueren, auf der rechten Seite der Wupper weiter, bis zur Mündung der Dhünn, geradeaus↑ bis zur Wupper-Überquerung. Dort links←, über die Schiffsbrücke, dann parallel zur Autobahn, weiter geradeaus↑ bis zum **Neuland-Park**. In Höhe der „Wacht am Rhein" bzw. dem Kanu-Clubgebäude links←, Route führt über Bogenbrücke durch den oberen Teil des Neuland-Parkes, am Ausgang links←, über die Dhünn, dann rechts→, später wieder rechts→, die „Wöhlerstr." queren (!), auf dem Radweg durch die Fußgängerzone, am Kreisel „Fr.-Ebert-Platz" links←, über den Rialto-Boulevard geradeaus↑ zum **Bahnhof Leverkusen-Mitte**.

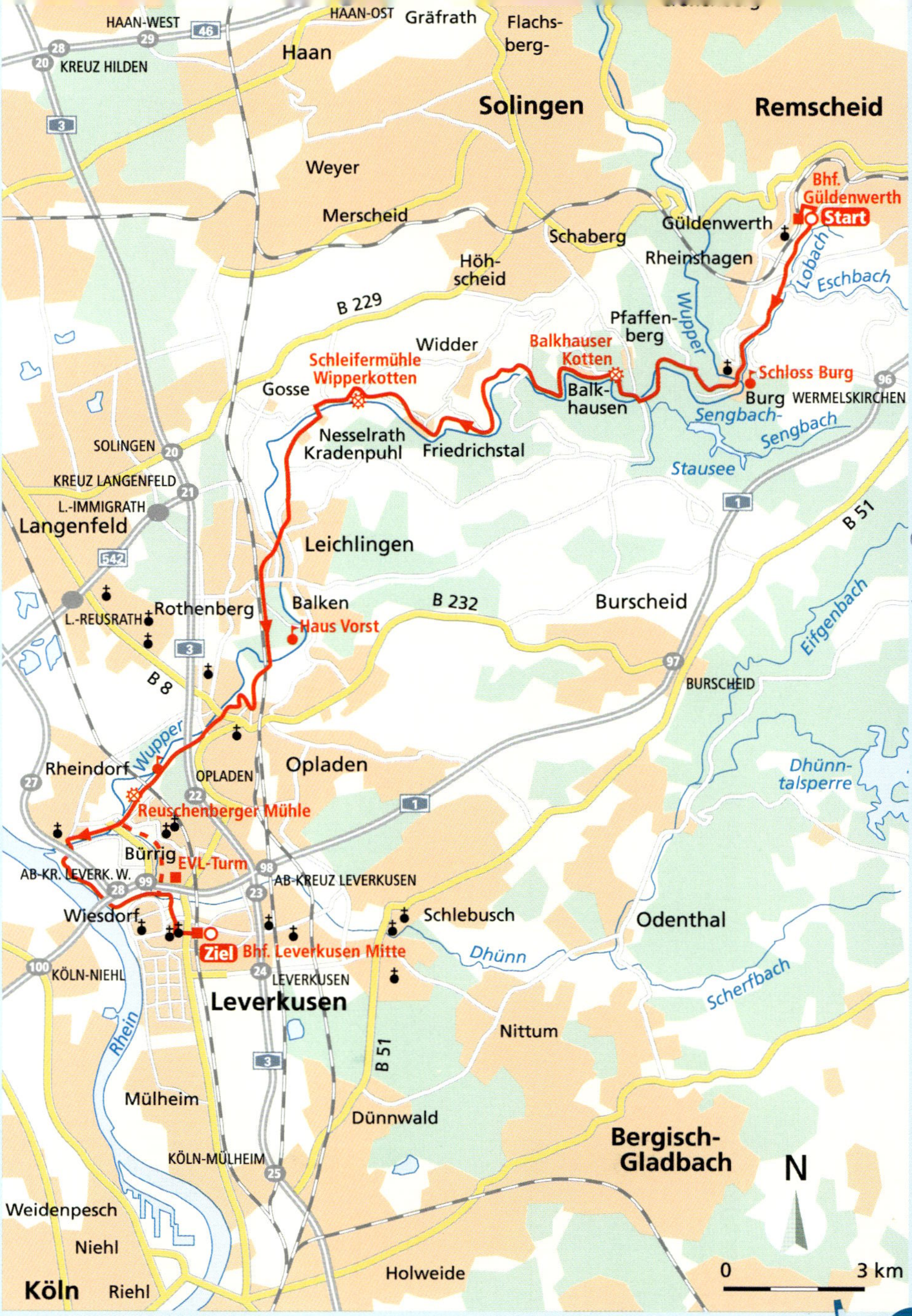
Remscheid
Solingen
Haan
Gräfrath
Flachs-berg-
Weyer
Merscheid
Schaberg
Güldenwerth
Rheinshagen
Höh-scheid
Bhf. Güldenwerth
Start
Lobach
Eschbach
Wupper
Pfaffen-berg
Widder
B 229
Balkhauser Kotten
Balk-hausen
Schloss Burg
Burg
WERMELSKIRCHEN
Sengbach-
Sengbach
Stausee
Schleifermühle Wipperkotten
Gosse
Nesselrath
Kradenpuhl
Friedrichstal
Leichlingen
Balken
B 232
Haus Vorst
Burscheid
BURSCHEID
Eifgenbach
B 51
Dhünn-talsperre
Langenfeld
Rothenberg
L.-REUSRATH
L.-IMMIGRATH
KREUZ LANGENFELD
SOLINGEN
HAAN-WEST
HAAN-OST
KREUZ HILDEN
B 8
Rheindorf
OPLADEN
Opladen
Reuschenberger Mühle
Bürrig
EVL-Turm
AB-KR. LEVERK. W.
AB-KREUZ LEVERKUSEN
Wiesdorf
Ziel
Bhf. Leverkusen Mitte
Schlebusch
Dhünn
Odenthal
Scherfbach
KÖLN-NIEHL
LEVERKUSEN
Leverkusen
Rhein
Nittum
B 51
Mülheim
Dünnwald
Bergisch-Gladbach
KÖLN-MÜLHEIM
Weidenpesch
Niehl
Köln
Riehl
Holweide
N
0
3 km
2 Touren

GPS TOUR 09

9

## ADRESSEN UND INFORMATIONEN

### Museen und Sehenswürdigkeiten

**Museum Schloss Burg an der Wupper**
42659 Solingen-Burg, Tel. 0212/2 42 26 11
www.schlossburg.de

**Balkhauser Kotten**
Balkhauser Weg, 42658 Solingen-Glüder,
Tel. 0212/3 83 54 83
www.balkhauser-kotten.de

**Wipperkotten**
Wipperkotten 2, 42699 Solingen,
Tel. 0212/2 47 39 58

**Haus Vorst**
42799 Leichlingen, Tel. 02175/7 11 26
www.hausvorst.de

**Reuschenberger Mühle**
Alte Garten 60, 51371 Leverkusen-Bürrig
www.reuschenbergermuehle.de

**EVL-Wasserturm mit Aussichtsplattform**
Olof-Palme-Straße, 51371 Leverkusen-Bürrig
Geöffnet von Mai bis September; 10–18 h

### Einkehrmöglichkeiten

**Landhaus Glüder**
Glüder 4, 42659 Solingen-Glüder
(wird zurzeit umgebaut)

**Landhaus Wupperhof**
Inh. Monika Wehmeier, Wupperhof 8,
42659 Solingen, Tel. 0212/81 17 81
www.landhaus-wupperhof.de

**Café Restaurant Haus Rüden**
Inh. Andreas Kempen, Untenrüden 39,
42657 Solingen, Tel. 0212/81 86 58
www.hausrueden.de

**Haus Fähr**
Fähr 14, 42799 Leichlingen-Fähr,
Tel. 0212/81 23 11

**Gasthaus Haasenmühle**
Inh. Hans Wandt, Haasenmühle 1,
42699 Solingen
www.haasenmuehle.de

*Der Lobach bei Remscheid*

**10**

**10 BACHEMTOUREN**

Im Hanfbachtal und im Mehrbachtal – *Basaltabbau und Schmalspurbahnen*

# 10 Im Hanfbachtal und im Mehrbachtal
## – Basaltabbau und Schmalspurbahnen

**AUF EINEN BLICK**

**Start:** Bahnhof Hennef (Sieg), Anfahrt mit S 12 und RE 9.
**Ziel:** Bahnhof Altenkirchen (Westerwald), Anfahrt mit RB 28. Bei Rückfahrt durch das Hanfbachtal: Bahnhof Hennef (Sieg), Anfahrt mit S 12 und RE 9.
**Sehenswürdigkeiten:** alte Trasse der Bröltalbahn, Eisenbahnmuseum in Asbach (im Aufbau), ehem. Basaltbruch, Wallfahrtskapelle Niedermühlen, Ortskern von Mehren
**Einkehrmöglichkeiten:** Gasthof „Zur Post", Gaststätte Jägerhof, Landhaus Mehren, Restaurant „Zum Wiedbachtal", Landgasthof Latsch
**Länge der Strecke:** 48 km (bei Rückfahrt von Asbach nach Hennef: 46 km)
**Schwierigkeitsgrad:** mittel; einige kurze, steile Anstiege. Bei Rückfahrt ab Buchholz oder Asbach nach Hennef insgesamt leichte Tour mit einem Anstieg.
**Charakteristik:** asphaltierte Abschnitte wechseln mit Waldwegen, ein geländegängiges Fahrrad wird empfohlen. Für Kinder nur bedingt geeignet; eingeschränkt anhängertauglich.
**Ausschilderung:** Die Tour ist bis zur Landesgrenze ausgeschildert mit Fahrradwegweisern nach der landesweiten Radwegweisung NRW, danach gibt es keine Wegweisung für Radfahrer.
**Anschlusstouren:** Ab Obernau Tour 11 (Wiedtal) oder Tour 12 (Holzbach- und Saynbachtal).

**GPS TOUR 10** abrufbar unter www.bachem-verlag.de

*Vorherige Seite: Kaum bekannt – das idyllische Hanfbachtal*

Diese Tour verläuft überwiegend auf ruhigen Wegen und autoarmen Straßen bis Mendt durch das dünn besiedelte Hanfbachtal, meist begleitet von der Trasse der früheren Bröltalbahn. Hinter Krautscheid geht es durch den Wald auf der alten Trasse bis Mendt. Nach einem kurzen Bergstück radeln wir ab Buchholz weiter auf der alten Trasse am Wahlen-Bach entlang. Wenn wir Asbach erreicht haben, müssen wir über die Höhe bergab in das Mehrenbachtal weiterfahren. Ab Mehren überqueren wir den nächsten Bergkamm und radeln die letzten Kilometer die Wied flussaufwärts nach Altenkirchen

*Wohlverdiente Rast im Hanfbachtal*

**Im Hanfbachtal und im Mehrbachtal – Basaltabbau und Schmalspurbahnen**

## Tour 10

*Der 19 km lange Hanfbach ist ein Zufluss der Sieg. Er entspringt bei Buchholz-Mendt und mündet in Hennef. Sein Wassereinzugsgebiet ist 51 km² groß. Nach Meinung der Forscher hat sein Name nichts mit Hanf oder Hanfanbau in diesem Gebiet zu tun, sondern leitet sich über „hanapha" vom germanischen „hanan" und „apa" ab, was soviel wie "tönender Fluss" bedeutet. Nach starken Regenfällen verwandelt sich der Hanfbach (190 m Gefälle auf 13 Flusskilometern!) in ein reißendes Gewässer. Der Ortsname der Stadt Hennef, früher „Hannafo", leitet sich ebenfalls von diesem Bachnamen ab.*

*Der Mehrbach entspringt bei Weyerbusch und mündet in Höhe des Klosters Ehrenstein in die Wied. Der Bach war früher Standort zahlreicher Wassermühlen und gilt bei Ruhe suchenden Wanderern als Geheimtipp, da er vor allem im Unterlauf ohne ausgebaute Wege auskommt*

Bevor wir den Bahnhof in **Hennef** auf der Rückseite verlassen, lohnt ein Blick auf den Bahnhofsvorplatz. Hier ist eine Gedenktafel zur Erinnerung an die ehemaligen Bröltalbahn zu sehen. Deren Geschichte sowie die ehemalige Bahntrasse begleiten uns durch das Hanfbachtal bis Asbach.

Wir verlassen den Bahnhof und fahren durch den Ortsteil **Geisbach**, am Ortsende geht es über einen ruhigen Feldweg links des Hanfbachs weiter, vorbei an den Ortschaften **Lanzenbach** und **Kurenbach**. In den Wiesen und Weiden des Hanfbachtals sehen wir viele Hochlandrinder und bei schönem Wetter begegnen uns Reiter und Kutschen vom nahen

*Radeln auf der ehemaligen Bahntrasse*

# 10

**Im Hanfbachtal und im Mehrbachtal – Basaltabbau und Schmalspurbahnen** 104

Islandpferdehof. Das Hanfbachtal ist nur wenig erschlossen und ermöglicht uns mit einer ruhigen Flusstour den nördlichen Westerwald zu entdecken. Nach etwa 7 km endet der separate Weg und verläuft nun weiter auf dem Radweg neben der Straße bis **Dahlhausen**.

Im weiteren Verlauf öffnet sich das Tal entlang der Kreisstraße; mit nur wenig Autoverkehr, dafür vielen Rennradlern geht es weiter über **Hanfmühle** und **Halmshanf**. Zum Teil begleitet uns die alte **Bahntrasse der Bröltalbahn**, die als AG gegründet und 1892 als Deutschlands erste Schmalspurbahn in Betrieb genommen wurde. Sie diente zum Abtransport des gebrochenen Basalts aus dem östlichen Siebengebirge. Ihr Betrieb wurde 1956 (Personenverkehr) beziehungsweise 1959 (Güterverkehr) wieder eingestellt. In **Dammig** kann man in Höhe des Campingplatzes noch Reste der Eisenbahnbrücke sehen. Hinter **Krautscheid** fahren wir auf dem alten Bahndamm der Schmalspurbahn durch den Wald, immer entlang des Hanfbachs bis **Mendt**. Nach einer Weile erreichen wir den **Irmendter Weiher**, die dortigen Bänke und Tische laden zu einer kurzen Verschnaufpause ein. Hinter dem Bauernhof gelangt man rechts auf die Hauptstraße, an einer Hauswand ist der Bahnverlauf abgebildet und erläutert. Nach Überqueren des Hanfbachs geht es später bergauf bis **Wallroth**. Der Aufstieg lohnt sich, denn wir

*Alte Bahnüberführung in Dammig*

werden mit einer schönen Aussicht auf das Siebengebirge belohnt. In **Buchholz** treffen wir an der Asbacher Straße erneut auf Info-Tafeln der Bröltalbahn. Ab dort geht es entlang des Wahlen-Bachs auf der alten Bahntrasse an Basaltsteinen vorbei nach **Bennau**. Auch dort weist uns eine riesige Marmortafel auf die Bedeutung der Bahn für den Basaltabbau hin. Weiter geht unsere Tour parallel zur Landstraße nach Asbach, wo uns in den Sommermonaten jeden zweiten Sonntag die geöffneten Tore des Lokschuppens der ehemaligen Bröltalbahn erwarten. Hier endete einst die Bröltalbahn. Ein privater Sponsor beabsichtigt, auf diesem Gelände am Lokschuppen ein Museum zu den Themenbereichen Basalt, Eisenbahn und Landschaft zu eröffnen.

Wer keine weiteren Berg- und Talfahrten mag, kann nach einer Rast am Lokschuppen oder im Ort den **Rückweg nach Hennef** antreten. Hierbei kann ab **Buchholz** die Landstraße direkt bergab nach **Krautscheid** heruntergerollt werden. Wir aber fahren weiter und es geht in **Asbach** weiter über die Höhe entlang der Ortsteile **Krankel** und **Schöneberg**. Bei klarem Wetter bietet sich hier ein sehr schönes Panorama auf den Westerwald. Später lassen wir uns bergab in das **Mehrbachtal** rollen. In der Ortschaft **Niedermühlen** erwartet uns eine kleine Besonderheit, eine **Wallfahrtskapelle** mit einem achteckigen Grundriss. Diese Kapelle wurde, da als Pilgerstätte regional sehr bedeutend, ständig erweitert. Der Bau in seiner heutigen Form wurde um 1894 fertiggestellt.

*Mehrener Kirche mit Fachwerkaufbau*

# 10

**Im Hanfbachtal und im Mehrbachtal – Basaltabbau und Schmalspurbahnen** ■ 106

Nun geht es auf Wald- und Feldwegen durch das malerische und einsam gelegene **Mehrbachtal**. Im offenen Tal kreisen Milane und Bussarde über den grasbedeckten Südhängen auf der Suche nach Beute über den frisch gemähten Wiesen.

Der Waldweg endet am Klärwerk, ab hier geht es auf der Kreisstraße nach **Mehren**. In diesem fast tausend Jahre alten Ort fällt neben den gut erhaltenen Fachwerkhäusern die dortige Kirche mit ihrem Fachwerkbau über dem Chor auf. Der Aufbau aus der Mitte des 18. Jh. in der charakteristischen Fachwerkkonstruktion des Westerwaldes hatte den Zweck, Mittelschiff und Chor unter ein einheitliches Dach zu bringen, weil die Dichtung des Anschlusses des Chordaches an den Ostgiebel des Schiffes Schwierigkeiten bereitete.

Im Ort zu sehen sind außerdem eine alte Schule aus vorreformatorischer Zeit sowie ein Turmverlies. Mit der Inbetriebnahme der Siegtal-Eisenbahn Mitte der 1860er-Jahre und mit der Eröffnung der heutigen Bundesstraße B 8 (Frankfurter Straße) zwischen Hennef/Uckerath und Weyerbusch/Altenkirchen verlor die Gegend um Mehren an wirtschaftlicher Bedeutung, die Hämmer und Mühlen am Mehrbach wurden aufgegeben, die Gegend entleerte sich und verarmte. Der aus Weyerbusch stammende Sozialreformer Friedrich

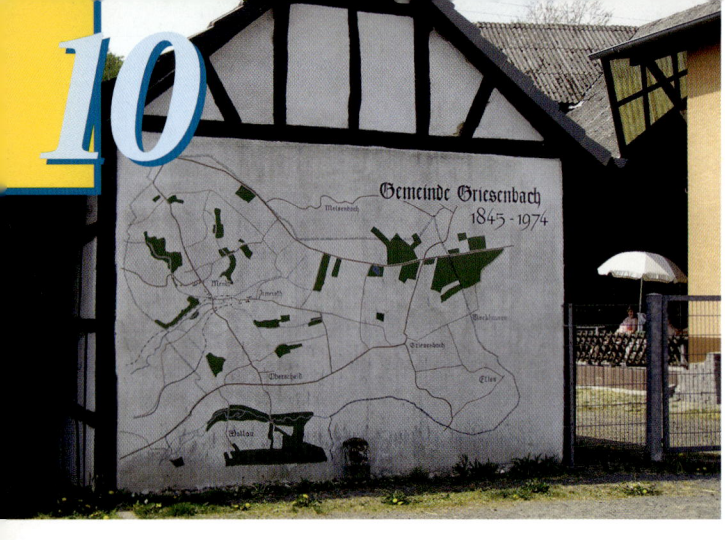

*Orientierungen und Begegnungen im Hanfbachtal*

*Im Hanfbachtal und im Mehrbachtal – Basaltabbau und Schmalspurbahnen*

Wilhelm Raiffeisen hat als Bürgermeister von Flammersfeld in dieser Gegend gewirkt. So konnten durch den Verkauf der alten Bleiabdeckung des Kirchendaches auf seine Initiative hin Getreide und Saatkartoffeln beschafft werden.

Hinter **Mehren** verlassen wir das Mehrbachtal und fahren bergauf durch den **Ortsteil Seifen** auf den nächsten Bergkamm der K 18 bis **Giershausen**. Hier kann man in einem Bio-Hofladen beim Erzeuger einkaufen. Im weiteren Verlauf unserer Tour können wir die sehr schöne Fernsicht bis weit in den zentralen Westerwald hinein genießen, und wir fahren bergab nach **Obernau** in das Tal der Wied.

Wer jetzt noch genügend Zeit und Puste hat, kann eine der Anschlusstouren weiter durch den Westerwald wählen, entweder durch das Holzbachtal (**→ Tour 12**) oder entlang der Wied (**→ Tour 11**) bis Neuwied am Rhein.

Um zu unserem Zielort Altenkirchen zu gelangen, müssen wir uns ein kurzes Stück eine stark frequentierte Bundesstraße mit Autos und Motorrädern teilen, bevor es in **Neitersen** rechts über das Bahngleis und die Wied auf ruhigen Wegen über **Schöneberg** und **Almersbach** nach **Altenkirchen** geht. Am neu gestalteten Bahnhofsplatz oder in der zentraler gelegenen Fußgängerzone 500 m hinter dem Bahnhof lässt sich die Wartezeit in einem der Cafés verkürzen, bevor es mit der Bahn zurück zum Ausgangsort geht.

*„Gedenktafel" der Bröltalbahn in Bennau (o.) – Niedermühlen im Mehrbachtal (u.)*

# GPS TOUR 10

*Tlm Hanfbachtal und im Mehrbachtal – Basaltabbau und Schmalspurbahnen* ▎108

## STRECKENBESCHREIBUNG

Vom **Bahnhof Hennef** an der Rückseite **links←**, die „Humperdickstr." entlang, in Höhe des Blumengrossisten **rechts→** „Bachstr.", an der Kreuzung **links←** „**Bonner Str.**". **Geradeaus↑** über die Kreuzung, Straße verschwenkt nach links, **rechts** „Frankfurter Str." einbiegen, in Höhe Bäckerei **rechts→** „Hanftalstr.". Weiter **geradeaus↑**, links „Rökelstr.", weiter über Feldweg. Später der Wegweisung folgen, vorbei an **Lanzenbach** und **Kurenbach** (Hammermühle), Weg endet nach 7 km; weiter **links←** auf Radweg der L 125 bis **Dahlhausen**.

An der Kreuzung **rechts→**, dann **links←** auf der K 38 weiter über **Hanfmühle** nach **Hanf**, **Halmshanf** und **Dammig** bis **Krautscheid**. In Höhe Fa. VARTA **geradeaus↑** über die L 275, unter dem Versorgungsrohr, über den Astsammelplatz (ehem. Grube Louise) den geschotterten Weg entlang. An der nächsten Gabelung **rechts→**, an der kommenden Dreiergabelung **links←** auf dem ehemaligen Bahndamm weiter. **Geradeaus↑** über die K 57, an der Gabelung **links←** auf dem Bahndamm bleiben, weiter bis zum **Irmendter Weiher**. Auf dem schmalen Weg am Bauernhof vorbei, **rechts→** auf die K 58, über den Hanfbach, wieder **rechts→**, am Spielplatz vorbei, später **halblinks←** bergauf bis **Wallroth**. Links ← „Kirchstr." nach **Buchholz**, an der Kirche **rechts→**, die nächste Straße **links←** „Asbacher Str.", dann **links←**, am **Eisenbahndenkmal** vorbei, dahinter **rechts→**. Weiter auf dem ehem. Bahndamm entlang des Wahlen-Bachs bis **Bennau**, dort **links←** über die Bushaltestelle hinweg, **rechts→** weiter parallel der L 272 bis **Asbach**. Am Kreisel „Talstr." **geradeaus↑**, dann **rechts→** „Bahnhofstr., an der Einfahrt zum alten Bahnhof vorbei.

**Bei Rückfahrt nach Hennef:** gleiche Route zurück nach **Buchholz**, dort **links←** „Asbacher Str.", Im Höfchen, **links←** „Hauptstr.", nach 300 m **rechts→** die L 275 steil bergab bis **Krautscheid**. Ab dort auf „Hanftalstr." der Wegweisung folgen bis in Höhe **Lanzenbach**, danach so wie auf dem Hinweg entgegen der Wegweisung **geradeaus↑** über den Feldweg (Ortsteil **Geisbach**) nach **Hennef**.

**Bei Fortsetzen der Tour:** Hauptstraße rechtsversetzt queren, weiter durch „Bitzenstr.", nun bergauf, an der Gabelung **links←**. Danach **rechts→** auf die L 272 „Flammersfelder Str.", weiter **geradeaus↑** über **Krankel** und **Schöneberg**, später **links←** die K 64 bergab zur **Kapaunsmühle**, dort **links←**, nach **Niedermühlen**, **rechts→** in die gleichnamige Straße, am Ortsende auf Waldweg dem Wanderwegezeichen **+** folgen, geradeaus durch das **Mehrbachtal**. An der **Harthmühle** (Klärwerk) **rechts→**, weiter auf der K 24 nach **Mehren**. Später **rechts→**, bergan über **Seifen** entlang der K 18, an der Gabelung auf der Höhe **links←**, weiter bis **Giershausen** am Ortsende die L 276 rechtsversetzt queren, später im Linksknick der Vorfahrtstraße **geradeaus↑**, bergab nach **Obernau**. Ab hier **links←** auf die B 256 weiter nach **Neitersen**, in Höhe der blauen Fabrikfassade **rechts→** (Radwegweisung Nr. 5 der VG Altenkirchen), Bahndamm und Wied überqueren, **links←** weiter bis **Schöneberg** (44 km). **Rechts→** bergauf, dann im Linksbogen „Hauptstr./Im Hommershof", Straße weiter bis **Almersbach**, im spitzen Winkel **links←** auf einen schmalen Weg (Vorsicht: sehr enge Umlaufsperre!), die Wied überqueren, später die Bahngleise queren, am Raiffeisenmarkt **rechts→**, leicht bergan, auf „Wiedtalstr.", bergab, später **rechts→** über den Bahnhofsvorplatz zum **Bahnhof Altenkirchen**.

2 Touren

## Museen und Sehenswürdigkeiten

**Museum der Bröltalbahn in Asbach**
Bahnhofstraße, 53567 Asbach, Tel. 0228/66 02 36
www.museum-asbach.de
(Das Museum ist in Planung beziehungsweise im Aufbau)

**Hofladen mit Bio-Produkten**
Hauptstraße 3, 57632 Giershausen, Tel. 02685/81 04

## Einkehrmöglichkeiten

**Gasthof „Zur Post"**
Asbacher Straße 1, 53567 Buchholz, Tel. 02683/65 00

**Gaststätte Jägerhof**
Mehrbachstraße 1, 53567 Asbach-Schöneberg,
Tel. 02683/4 32 48

**Landhaus Mehren**
Auf dem Brouch 1, 57635 Mehren, Tel. 02686/86 23

**Restaurant „Zum Wiedbachtal"**
Rheinstraße 4, 57638 AK-Obernau, Tel. 02685/3 69

**Landgasthof Latsch**
Rheinstraße 21, 57638 AK-Neitersen,
Tel. 02681/9 87 80

*Geheimtipp fur Radler – das Hanfbachtal*

**11**

**11 BACHEMTOUREN**

Durch das Tal der Wied – *Raiffeisen, Kreuzbrüder und Erzminen*

# 11 Durch das Tal der Wied
## Raiffeisen, Kreuzbrüder und Erzminen

**AUF EINEN BLICK**

**Start:** Bahnhof Altenkirchen, Anfahrt mit RB 28
**Ziel:** Bahnhof Neuwied, Anfahrt mit RE 8 und RB 27
**Sehenswürdigkeiten:** Alvensleben-Stollen, Kloster Ehrenstein, Schloss Altenwied, Kloster Waldbreitbach mit Klostergärtnerei, Laubachsmühle, Burg Altwied
**Einkehrmöglichkeiten:** Restaurant „Zum Wiedbachtal" (Hui-Wäller-Stube), Gasthof „Zur Wied", Restaurant Fuchs, Restaurant Café Wiedfriede, Restaurant Laubachsmühle, Altes Brauhaus Zur Nette
**Länge der Strecke:** 66 km
**Schwierigkeitsgrad:** mittel; einige kurze, kräftige Anstiege
**Charakteristik:** größtenteils autoarme Strecken, einige Abschnitte mit starkem Autoverkehr sowie ein unbefestigter Wegabschnitt; ein ca. 5 km langer Radweg verläuft auf der alten Trasse der Wiedtalbahn bei Neustadt.
**Ausschilderung:** Die Tour ist abschnittsweise (zwischen Oberbuchenau und Datzeroth) mit kleinen Radwegweisungstafeln und Richtungspfeilen ausgeschildert.

**GPS TOUR 11** abrufbar unter www.bachem-verlag.de

*Vorherige Seite: Die Wied bei Altenkirchen*

DIESE TOUR verläuft von Altenkirchen bis Oberlahr auf ruhigen Nebenwegen oder wenig befahrenen Straßen und ab Oberlahr entlang der Wiedtalstraße. Zwischen Mettelhahn und Wiedmühle sind wir auf der Trasse der ehemaligen Wiedtalbahn unterwegs. Hier begegnet uns das Leben und Wirken von Friedrich-Wilhelm Raiffeisen, dem Gründer der Genossenschaftsbank, an vielen Orten. Mittelalterliche Burgen wie Schloss Altenwied oder die Burgruine Altwied oder die Klosteranlage Ehrenstein prägen das malerische Wiedtal ebenso wie Eisenerzstollen oder die neue ICE-Trasse bei Neustadt.

Das mittlere Wiedtal lässt sich größtenteils auf ruhigen Wegen erleben, die letzten Kilometer müssen wir allerdings entlang der stark frequentierten Wiedtalstraße fahren.

Die Wied ist ein über 100 km langer, östlicher Nebenfluss des Rheins mit einem 770 km² großen Einzugsgebiet. Sie entspringt im Westerwald bei Hachenburg auf über 460 m Höhe und mündet bei Neuwied in den Mittelrhein. Ab Altenkirchen fließt sie in westlicher Richtung und hat bei Burglahr durch den landschaftlich reizvollen Naturpark Rhein-Westerwald ein Durchbruchstal gebildet. Hinter Neustadt knickt sie nach Süden ab und mündet in Neuwied in den Mittelrhein. Die Wied ist mit ihren wechselnden Talbreiten das landschaftsprägende Element des Naturparks.

## Durch das Tal der Wied – Raiffeisen, Kreuzbrüder und Erzminen

## Tour 11

Vom **Bahnhof Altenkirchen** fahren wir links über die Wiedstraße, die wir in **Leuzbach** verlassen und auf ruhigen Wegen über **Almerzbach** und **Schöneberg** bis **Neitersen** fahren. Bereits in Schöneberg begegnen wir dem in Hamm bei Altenkirchen geborenen Friedrich-Wilhelm Raiffeisen. So trägt bereits die B 258 zwischen Altenkirchen und Neuwied, auf der wir ein Stück entlangfahren, seinen Namen. Info-Tafeln in der Ortsmitte in Höhe der alten Schule weisen uns auf sein Wirken als Genossenschaftsbankgründer hin; heute gibt es weltweit über 300 000 Genossenschaftsgründungen. Er zeigte in vielerlei Hinsicht soziales Engagement, so setzte er sich in Schöneberg als Ortsbürgermeister dafür ein, dass Schulleiter eine feste Bezahlung sowie Brennholz von der Gemeinde erhielten. Zwischen **Neitersen** und **Obernau** geht es nun ein Stück entlang der Bundesstraße, die wir jedoch am Ortsende links verlassen und in der Folgezeit mit einigen kleineren Aufs und Abs über **Strickhausen** und **Berzhausen** bis **Seelbach** fahren. Hier wird auf einer weiteren Info-Tafel an den Heimatdichter Adolf Weiß und seinem Westerwaldlied „Hui Wäller - allemol" erinnert. Mit dem fröhlichen Westerwaldlied auf den Lippen radeln wir hinter dem früheren Bahnhofsgebäude von **Flammersfeld** links weiter und über ein unbefestigtes und schmales, landschaftlich jedoch sehr reizvolles Wegstück bis **Döttesfeld**. Die Holzbachtalbahn, die wir unterqueren, ist wieder für den

*Auf ruhigen Wegen durch das Wiedtal*

*Durch das Tal der Wied – Raiffeisen, Kreuzbrüder und Erzminen* 114

schacht des **Alvensleben-Stollens** zu machen. Wir radeln nach diesem Ausflug in die Welt des Bergbaus weiter, queren die Wied und nutzen den unbeleuchteten ehemaligen Bahntunnel, so sparen wir uns den Anstieg über **Peterslahr**. Unterwegs sehen wir die Relikte der ehemaligen Wiedtalbahn, die 1945 beim Rückzug der Wehrmacht zerstört und danach nicht wieder aufgebaut wurde. Später geht es in Höhe des Wochenendhausgebietes **Mettelshahner Schweiz** weiter auf dem ehemaligen Bahndamm bis Neustadt. Wer sich für das mittelalterliche Klosterleben interessiert, dem sei ein Abstecher zum **Kloster Ehrenstein** vor Neustadt empfohlen (dieses erreichen wir nur über die Straße). Am Mündungsbereich des Mehrbachs (Tour 10) steht die **Ruine der Hauptburg Ehrenstein** aus dem 14. Jh., hierunter befindet sich die durch zahlreiche Restaurierungsarbeiten neu entstandene **Klosteranlage mit Kreuzbrüderkirche**, deren Ursprung im 15. Jh. liegt. Auffallend sind die Innenausstattung sowie die mittelalterlichen Glasmalereien der Chorfenster. Heute leben Patres des Ordens der Montfortaner im Kloster Ehrenstein.

Später in **Neustadt** angekommen, kann man einen weiteren stillgelegten Bahntunnel durchfahren. In Höhe des Neustädter Ortsteils **Wiedmühle** unterqueren wir die Autobahn sowie die parallel verlaufende ICE-Trasse, die das Wiedtal überspannen. Nun geht es weiter auf der Wiedstraße, vorbei

Güterverkehr reaktiviert worden (siehe auch Tour 12). Den Holzbach müssen wir nun überqueren und danach treffen wir auf eine Wassertretanlage. Wie wäre es mit einem kühlen Bad für die müden Radlerwaden? Weiter geht es auf der meist ruhigen L 269 nach **Oberlahr**, ab dort entlang der Wied weiter nach **Burglahr**.

Hier besteht die Möglichkeit, abseits der Wiedtalstraße einen Abstecher zum 1864 in Betrieb genommenen Wetter-

*Herbst in Flammersfeld*

am über dem Tal der Wied thronenden **Schloss Altenwied**, dessen Ursprünge im 12. Jh. liegen, als Altenwied über 550 Jahre Sitz eines der Verwaltungsbezirke des Kölner Erzbistums war. Die Burganlage war lange Zeit eine Ruine, bevor sie von einem lokalen Baumaschinenhersteller erworben und umfassend saniert wurde. So richtete er im mittelalterlichen Ambiente Gästezimmer für Geschäftspartner aus Übersee ein, das ehemalige Kerkergewölbe dient heute als Weindepot.

In Höhe von **Anxbach** stoßen wir auf Hinweise des früheren Erzabbaus. Heute zeugt eine Lore mit gebrochenen Steinen der längst geschlossenen Erzmine von der damaligen Bergbauzeit im Wiedtal. In **Arnsau** lädt ein Restaurant mit Terrasse zu einer Rast ein. Später verlassen wir die inzwischen stärker autofrequentierte Wiedtalstraße über ausgeschilderte Nebenwege und erreichen nach Überquerung einer schmalen, schwingenden Hängebrücke den Ort **Roßbach**. Auf der Südwestseite der Wied geht es über eine weitere Hängebrücke weiter. Also, etwas schwindelfrei muss man auf dieser Tour schon sein! Später radeln wir durch den Ort abseits der Straße über einen Berg nach **Lache**, dort queren wir die Wiedtalstraße und fahren über Nebenwege weiter nach **Waldbreitbach**. Im Ortsbeginn weist uns ein Denkmal auf die über 400-jährige Erzschürfhütte hin. Der Erzabbau war bis in das letzte Jahrhundert ein bedeutender Wirtschafts-

*Das Kloster Ehrenstein liegt etwas abseits der Wied*

*Durch das Tal der Wied – Raiffeisen, Kreuzbrüder und Erzminen* 116

faktor in der Region. Neben Spateneisen wurden zwischen Oberlahr und Niederbreitbach Blei-, Zink- und Kupfererze durch die Stollen aufgefahren.

In Waldbreitbach müssen wir zweimal die Wied überqueren und weiter bis **Hausen** fahren. Wenn wir einen Blick zurückwerfen, erkennen wir auf der Höhe rechts über uns das **Franziskanerinnen-Kloster Waldbreitbach** mit seinen Klostergärten, wo unterschiedlichste Nutzpflanzen – streng nach Bio-Richtlinien der EU – angebaut werden. So findet man hier zum Beispiel Hirschhornwegerich, Stevia oder jüdischen Salbei. Gemeinsam mit einer Gartenbauingenieurin betreibt das Kloster einen professionellen Bio-Betrieb mit angeschlossenem Verkauf. Außerdem werden Kurse im Umgang mit Kräutern und Heilpflanzen angeboten, von denen es über 450 im Klostergarten gibt.

Wer eine Radtour in der kalten Jahreszeit nicht scheut, kann zur Adventszeit Waldbreitbach als eines der interessantesten Weihnachtsdörfer in der Region kennenlernen. Mit etwa 500 Krippen, einer Weihnachtspyramide sowie der nach eigenen Angaben größten Naturwurzel-Krippe weltweit lockt diese Attraktion zahlreiche Besucher an.

Weiter abseits der Wiedtalstraße geht es mit teils kräftigen, kurzen Anstiegen bis zum **Abzweig Clemenshütte** durch die Wiedaue bis **Datzeroth**, wo die ruhige Strecke endet. Am Ortsende nutzen wir den neu angelegten Rad-/Gehweg, der

*Die Laubachsmühle im unteren Wiedtal*

*Durch das Tal der Wied – Raiffeisen, Kreuzbrüder und Erzminen*

# Tour 11

## STRECKENBESCHREIBUNG

Vom **Bahnhof Altenkirchen** links← über den neuen Busbahnhof, geradeaus↑ „Wiedstr.", in **Leuzbach** links←, links← über das Bahngleis, die kommende Gabelung rechts→, über die Wied nach **Almerzbach**. Im spitzen Winkel rechts→, bis **Schöneberg**. Im Rechtsbogen bergauf in die Ortsmitte, ab dort bergab, links← (Tempo 30), weiter bis **Neitersen**. Fluss und Bahngleis überqueren, links← auf die B 256 durch **Neitersen**. Hinter **Obernau** links←, über **Strickhausen**, **Berzhausen**, am Wendehammer („Wiesenstr.", Bushaltestelle) rechts→, an der nächsten Gabelung rechts→, unter der Bahn hindurch, dahinter bis **Seelbach**, Ortsteil **Bettgenhausen**. Hier links←, leicht bergauf, oben rechts→, bergab zur Kreuzung. Nach mehrmaligem Queren der Wied vorbei am ehem. **Bahnhof Flammersfeld**, am Ortsende links←, unter der Bahn hindurch, dann rechts→ dem Wanderwegzeichen W folgen, in der Folge knapp 2 km unbefestigte Strecke bis **Döttesfeld**. In Höhe des Gasthofs rechts→ in Richtung Oberlahr auf die L 269, später geradeaus↑ die B 256 queren, auf der alten Landstraße weiter, am Ende rechts→ auf die L 269 „Bahnhofstr.", durch **Oberlahr** hindurch und weiter über **Burglahr** bis **Peterslahr**. Hinter der Wiedbrücke am Ortseingang von Peterslahr rechts→, auf den geschotterten Weg bis zum Eisenbahntunnel, diesen durchque-

sich durch die Wiedaue schlängelt und später wieder an der verkehrsreichen Wiedtalstraße endet. Vorbei an der **Laubachsmühle** erreichen wir den Neuwieder Stadtteil **Altwied** mit seiner markanten Burgruine. Die Ursprünge dieser Burg reichen ins 12. Jh. zurück; mit der Verlegung des Verwaltungssitzes in das neu gegründete Neuwied verlor die Burg im 17. Jh. jedoch ihre Bedeutung und verfiel. Seit dem 18. Jh. ist sie eine Ruine und dient heute als Kulisse für mittelalterliche Festspiele.

Weiter geht es auf der Straße durch die Neuwieder Ortsteile **Niederbieber** und **Heddesdorf**, wo Raiffeisen zuletzt wohnte und verstarb. Vorbei an den Hallen der Rasselstein-Fabrik endet der Radweg an einer großen Kreuzung, ab hier ist es nicht mehr weit zum **Bahnhof Neuwied**.

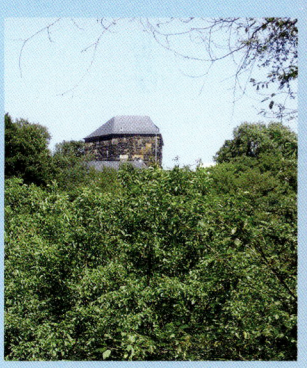

*Tretmobil in Arnsau*

*Schloss Altenwied*

## GPS TOUR 11

*Durch das Tal der Wied – Raiffeisen, Kreuzbrüder und Erzminen* 118

### STRECKENBESCHREIBUNG

ren, hinter dem Tunnel **links**← auf die L 269. Hinter dem Wochenendhausgebiet **Mettelshahner Schweiz** in der Rechtskurve **links**← auf den ehem. Bahndamm hoch, auf diesen weiter bis **Neustadt**.
(**Achtung:** Zum **Kloster Ehrenstein** muss man **geradeaus**↑ auf der L 269 bleiben!)

In Höhe des Gewerbegebietes **links**← auf die L 269, an der Kreuzung mit der L 255 **rechts**→, die L 255 überqueren, auf der **linken Seite** weiter, den geschotterten Weg **links**← weg von der Straße, an der kommenden Gabelung **links**←, durch den Tunnel, auf dem ehem. Bahndamm weiter, die A 3 und ICE-Neubaustrecke unterqueren, auf der L 255 weiter über **Wiedmühle**, **Oberhoppen** und **Unterhoppen**. Später am Weiler **Sengenau** vorbei, am Campingplatz **Anxbach**, am Campingplatz **Alsau**, weiter bis **Dattenberg**.

In Höhe **Oberbuchenau** der Wegweisung **rechts**→ folgen, an der kommenden Gabelung **rechts**→, im Ort **links**←, dann **rechts**→ über eine Hängebrücke, am Campingplatz weiter nach **Roßbach**. Auf der rechten Wiedseite bleiben, also die L 255 nach Erreichen sofort wieder nach **rechts**→ verlassen. Am Wiedufer weiter, später **links**← über eine schmale Hängebrücke, auf der anderen Seite zuerst **geradeaus**↑, später **rechts**→ auf die L 255 einbiegen, diese sofort wieder **links**← verlassen ("Neue Straße", Wegweisung), am Ende der Straße **rechts**→ "In der Au", später bergauf, dann bergab nach **Lache**, dort wieder auf die L 255, an der Bushaltestelle **rechts**→ neben der Straße auf den Rad-/Gehweg weiter. Der Weg knickt später **rechts**→ ab, führt über eine Brücke und geht auf der anderen Uferseite weiter. Vorbei am Campingplatz und am Denkmal der ehem. Erzschürfhütte, links von uns liegt der Ort **Waldbreitbach**. Später **links**← über die **Wiedbrücke** (Vorsicht: fehlender Wegweiser!), dann **rechts**→ "Kolpingstr.". Nun weiter **geradeaus**↑ "In der Au", in die Sackgasse, **rechts**→ um die Schranke herum, den Steg überqueren, **links**←, nun wieder auf der Westseite der Wied weiter **geradeaus**↑ durch die Aue nach **Hausen**. Die L 257 überqueren, weiter durch die Wiedaue (Wanderzeichen W), am Ende der Aue kurz bergauf, später bergab am Campingplatz vorbei, am Wegende **links**← über die Wied, durch ein Gewerbegebiet, dahinter **rechts**→ auf die L 255 (**Niederbreitbach**). Weiter an der L 255 über die Wiedbrücke, dahinter **links**←, nun ausgeschilderte separate Führung bis **Abzweig Clemenshütte**, dort **links**← einbiegen, nach ca. 300 m **rechts**→, noch mal **rechts**→, dann **links**← über die Wied, am Campingplatz "Seiferts-Au" vorbei bis **Datzeroth**. Weiter **links**← auf die L 255, am Ortsende auf rechtsseitigem Rad-/Gehweg, weiter durch die Wiedaue, nach ca. 3 km wieder **rechts**→ auf der L 255 (!). Vorbei am **Gasthaus Laubachsmühle,** später berauf, dann bergab in den Neuwieder Stadtteil **Altwied** mit seiner markanten Burgruine. Weiter entlang der L 255 durch die Neuwieder Ortsteile **Niederbieber** (hier beginnt ein Radweg) und **Heddesdorf**, an der Kreuzung "Rasselsteiner Str./Andernacher Str." weiter **geradeaus**↑ (Vorsicht: keine Radwege!), nach ca. 700 m (Höhe Kino Schauburg) über beide Fahrspuren (!) hinweg **links**← abbiegen in "Heddesdorfer Str.", diese **geradeaus**↑ (!) weiter, hinter Bahnunterführung **links**← "Augustastr.", parallel zur Bahnlinie; nach wenigen hundert Metern zum Zielpunkt unserer Tour, **Bahnhof Neuwied**.

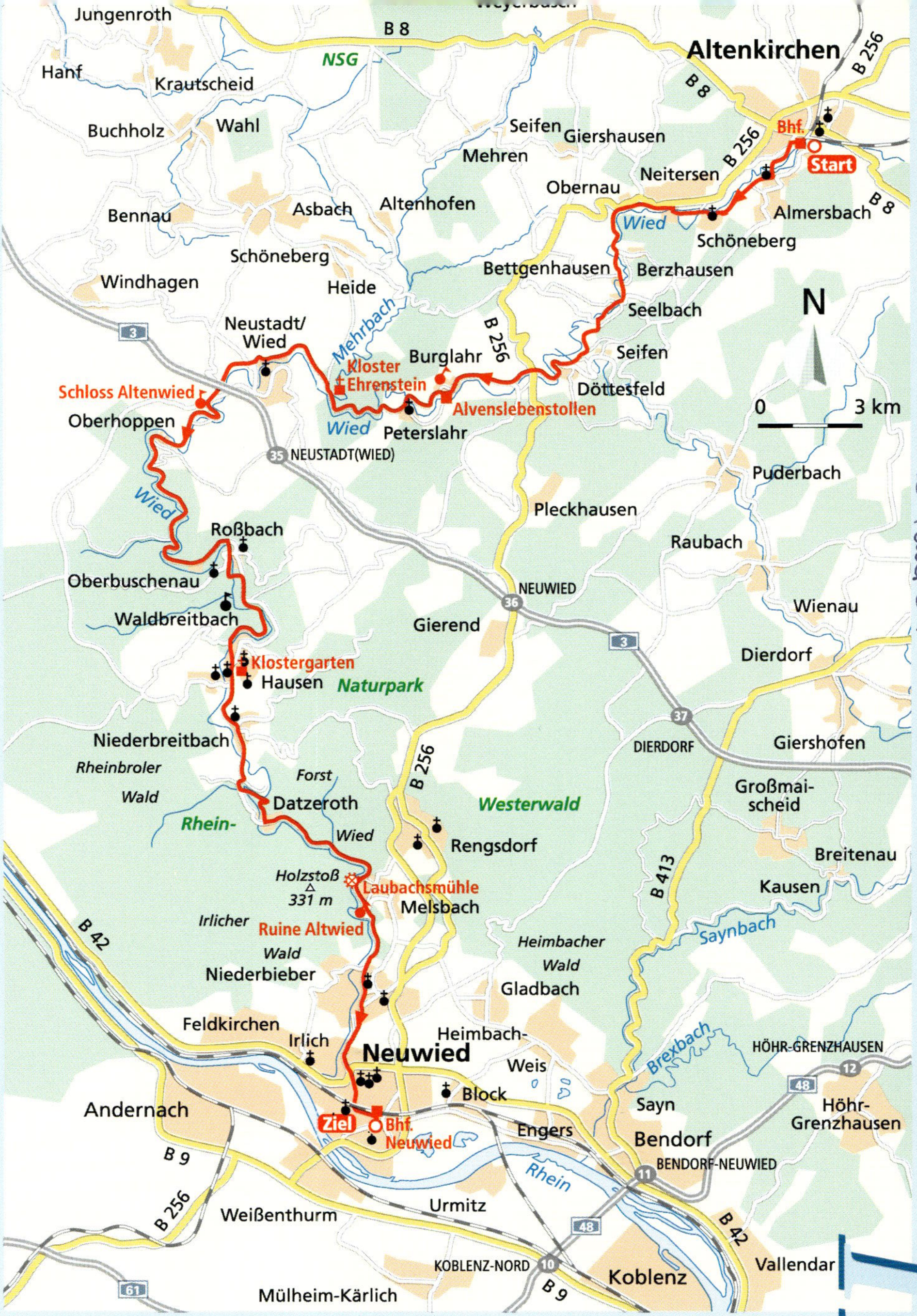


2 Touren

11

GPS TOUR 11

## Museen und Sehenswürdigkeiten

**Alvensleben-Stollen**
Alter Bahndamm, 57632 Flammersfeld-Burglahr,
Tel. 02685/80 91 19

**Kloster Ehrenstein**
Kreuzbruderweg, 53567 Asbach-Ehrenstein

**Kloster Waldbreitbach mit Klostergärtnerei**
Franziskusweg 1, 56588 Waldbreitbach,
Tel. 02638/81 42 20
www.waldbreitbacher-franziskanerinnen.de

**Burgruine Altwied**
Burgtorstraße, 56567 Neuwied-Altwied
www.altwied.de

## Einkehrmöglichkeiten

**Hotel Restaurant „Zum Wiedbachtal"**
Wiedstraße 14, 56305 Döttesfeld, Tel. 02685/10 60
www.hotel-zum-wiedbachtal.de

**Hotel Gasthof „Zur Wied"**
Hauptstraße 31, 57641 Oberlahr

**Hotel Restaurant Fuchs**
Wiedtalstraße 6, 57632 Burglahr, Tel. 02685/2 89

**Restaurant Café Wiedfriede**
Neustädter Straße, 54547 Roßbach-Arnsau,
Tel. 02638/9 33 60
www.hotel-wiedfriede.de

**Restaurant Laubachsmühle**
Laubachsmühle 1, 56567 Neuwied, Tel. 02631/5 55 31
http://laubachsmuehle.de

**Restaurant Altes Brauhaus Zur Nette**
Augustastraße 41, 56564 Neuwied,
Tel. 02631/97 83 63
www.altesbrauhaus-neuwied.de

**Rad-Erlebnistag**
„WIEDer ins Tal", autofreies Wiedtal zwischen Döttesfeld und Altwied jeden dritten Sonntag im Mai
www.touristikverband-wiedtal.de

*Die Wied bei Sengenau*

**12**

**12**

An Holzbach und Saynbach – **Burgen, Hexen und tropische Schmetterlinge**

BACHEM TOUREN

# 12 An Holzbach und Saynbach
## Burgen, Hexen und tropische Schmetterlinge

**AUF EINEN BLICK**

**Start:** Bahnhof Altenkirchen, Ankunft mit RB 28
**Ziel:** Bahnhof Engers, Anfahrt mit RE 8
**Sehenswürdigkeiten:** Ruine Burg Reichenstein, Dierdorf (Schlosspark, Mausoleum, Eulenturm mit Stadtbefestigung, Uhrturm, Kupferhaus), Adenroth, Isenburg, Sayn (Schmetterlingsgarten im Schlosspark, Schloss, Burgruine, Eisenkunstguss-Museum, Mühlenmuseum, Abtei Sayn), Engers (Altstadt mit Fachwerkhäusern, Schloss)
**Einkehrmöglichkeiten:** Restaurant „Zum Wiedbachtal" (Hui-Wäller-Stube), Restaurant „Zum Manni", Gasthaus „Zur Post", „Zur Isenburg", Burgschänke St. Hubertus, Schlossrestaurant Schloss Sayn, Berghotel Rheinblick
**Länge der Strecke:** 65 km
**Schwierigkeitsgrad:** mittel; mit einigen kürzeren Steigungen
**Charakteristik:** meist wenig befahrene Straßen und Wege durch landschaftlich reizvolle Mittelgebirgstäler und -auenlandschaft, zwischen Puderbach und Dierdorf sowie im Saynbachtal an Sonn- und Feiertagen mit temporär hohem Ausflugsverkehr, kein Radweg zwischen Isenburg und Bendorf entlang der B 413. Für Kinder eher ungeeignet, Jugendliche sollten über Tourenerfahrung verfügen.
**Ausschilderung:** keine Fahrradwegweisung vorhanden

**GPS TOUR 12** abrufbar unter www.bachem-verlag.de

*Vorherige Seite: Im lieblichen Holzbachtal bei Puderbach*

DIESE TOUR verläuft entlang dreier Flüsse: flussabwärts entlang der Wied, den Holzbach flussaufwärts und den Saynbach flussabwärts. Begleitet wird die Route von der Holztalbahn. Die Gegend ist bis auf das Gebiet um Dierdorf eher dünn besiedelt, sodass der Naturgenuss entlang der Flussrouten auf dieser Tour dominiert.

Der Holzbach ist ein rund 30 km langer Nebenfluss der Wied. Er entspringt im Westerwald nahe der Westerwälder Seenplatte in Hartenfels. Er fließt anfangs in westlicher Richtung durch Herschbach und dann südwestwärts durch Freirachdorf und Marienhausen, wonach er ab Dierdorf in Richtung Nordwesten über Raubach und Puderbach nach Döttesfeld verläuft, wo er in die Wied mündet. Der Holzbach wird von einem Abschnitt der von Dierdorf nach Altenkirchen führenden Bahnlinie begleitet. Die Sayn (auch Saynbach genannt) ist ein kleiner Fluss von etwa 50 km Länge im Süden des Westerwaldes, der in der Nähe des Wölferlinger Weihers entspringt und in Bendorf in den Rhein mündet. Das Quellgebiet des Saynbachs liegt im Unterwesterwald zwischen Wetzlar und Koblenz. Der Unterlauf des Flusses bildet die Südgrenze des Naturparks Rhein-Westerwald und berührt auch das Naturschutzgebiet Hüttenweiher. In diesem Bereich des Sayntales liegen mehrere Teiche, die bereits um die Jahrhundertwende von der Preußischen Regierung unter Land-

## An Holzbach und Saynbach – Burgen, Hexen und tropische Schmetterlinge

## Tour 12

*schaftsschutz gestellt wurden. Neben dem Saynbach gibt es noch den südlich des Oberlaufes gelegenen kleinen Saynbach, der in Ellenhausen in die „große" Sayn mündet.*

Der erste Teil unserer Tour verläuft identisch mit der Tour 11, die uns durch das Tal der Wied führt. Vom **Bahnhof Altenkirchen** fahren wir links über die Wiedstraße, die wir in **Leuzbach** wieder verlassen und radeln dann auf ruhigen Wegen über **Almerzbach** und **Schöneberg** bis **Neitersen**. Zwischen **Neitersen** und **Obernau** geht es ein Stück entlang der Bundesstraße, die wir jedoch am Ortsende links verlassen und in der Folgezeit mit einigen kleineren Aufs und Abs über **Strickhausen** und **Berzhausen** bis **Seelbach** fahren. Hinter dem früheren **Bahnhofsgebäude von Flammersfeld** geht es links und weiter über ein unbefestigtes Wegestück bis **Döttesfeld.** Nach Überquerung des Holzbachs treffen wir auf eine Wassertretanlage und an der Kreuzung in Höhe des Gasthofs biegen wir links in Richtung Seifen ein. Nun radeln wir vorbei am ehemaligen **Bahnhof Seifen** bis nach **Seifen**. Auf der Bahnstrecke zwischen Altenkirchen und Siershahn im Unterwesterwald wurde der Personenverkehr 1984 eingestellt. Mit dem eingestellten Güterverkehr war die Trasse entlang des Holzbachs stilllegungsgefährdet. Von Altenkirchen aus findet seit 2006 wieder Güterverkehr statt; vielleicht erfüllen sich die Erwartungen, wieder Personenverkehr auf der Schiene anzubieten, sei es regelmäßig oder als Touristenbahn. Die insgesamt strukturschwache Region benötigt dringend Impulse.

Später geht es auf der L 267 an **Niederähren** und **Oberähren** vorbei bis **Reichenstein**. Über uns liegt die gleichnamige Burgruine, die Anfang des 14. Jh. als Schutz- und Zollstation errichtet wurde, doch bereits im 15. Jh. an Bedeutung verlor und im Jahre 1618 von ihrem Besitzer, dem Graf zu

*Ruine Isenburg*

# 12

**An Holzbach und Saynbach – Burgen, Hexen und tropische Schmetterlinge** 124

ein Abstecher zum Eulenturm, ein Relikt der mittelalterlichen Stadtbefestigung. Ganz in der Nähe laden zudem Cafés zu einer Rast ein. Im rund 800 Jahre alten Dierdorf gab es bis in das 17. Jh. hinein Hexenprozesse und -verbrennungen, rund hundert Jahre nach Einführung der Reformation. Die Verhöre und die Prozesse fanden im Uhrturm, dem Wohnsitz des damaligen Nachtwächters, statt. Sehenswert sind neben der evangelischen Kirche aus dem Jahre 1903 – ihr Vorgängerbau ist um 1200 entstanden – das Kupferhaus von 1933 und das neugotische Mausoleum aus dem Jahre 1821.

Nach der Pause und dem Ausflug in die dunkle Geschichte der Hexenprozesse geht es auf ruhigen Strecken weiter, nun leicht bergauf, nach **Brückrachdorf**. Am Ortsende unterqueren wir die Bahnlinie, fahren über die L 267 bergauf und biegen an der nächsten Kreuzung nach **Sassenhausen** ab. In **Hinterdorf** lassen wir uns hinter der Kirche bergab nach **Ellenhausen** rollen, wo es entlang der Sayn flussabwärts weiter geht. Der Weiher bei **Schneidmühle** lädt mit seinen Bänken zu einer kurzen Rast ein. In der Folgezeit geht es immer entlang der mäandrierenden Sayn, zuerst über **Deesen**, wo wir die Autobahn und die ICE-Neubaustrecke unterqueren. Später kommen wir an **Breitenau** vorbei, wo der Kleine Saynbach in die „große" Sayn mündet. Wir passieren den Ort **Adenroth**, einen ehemaligen Klosterhof aus dem 13.

Wied, zerstört wurde, als der damalige Graf von Sayn sie erwerben wollte. Seitdem ist die Ruine immer weiter verfallen und war bis ins 20. Jh. in Privatbesitz. Seit einigen Jahren wird die Ruine von einem Förderverein betreut und zurzeit restauriert. Die Anlage ist zu bestimmten Festen geöffnet. Hinter dem Hauptort **Puderbach** öffnet sich das Holzbachtal, weiter geht es am alten **Bahnhof Raubach** vorbei nach **Wienau** und ab dort über einen Nebenweg nach **Dierdorf**.

In Dierdorf haben wir die erste Hälfte unserer Etappe hinter uns. Nach Passieren des Schlossweihers – ein Überbleibsel des Wassergrabens vom 1902 abgetragenen Schloss – lohnt

*Residenz einer berühmten Adelsfamilie   Schloss Sayn*

Jh., seit 1760 im Besitz des Fürsten zu Wied, wo sich heute eine Wohn- und Werkgemeinschaft befindet. Das Tal verengt sich hinter Adenroth merklich, die Kurven bleiben. An einigen Stellen tritt das Schiefergestein des Westerwaldes hervor. Vorbei an **Kausen** biegen wir später in die B 413 ein und erreichen **Isenburg**. Im Jahre 1103 wurde dort eine Burg als Stammsitz der gleichnamigen Herren errichtet und Anfang des 14. Jh. befestigt, in der Folge siedelten sich weitere Häuser um den Burgberg an. Vor der Ortsbefestigung mit seinen ehemals vier Türmen und der Mauer liegt heute die „Alte Porz" (=Alte Pforte) direkt an der Route. Sie wurde als äußeres Schutztor am Burgaufgang erstellt. Ein Glockentürmchen ziert ihr Satteldach, im angebauten Fachwerkhaus wohnten früher wohl Wachleute.

Nun geht es auf der recht stark befahrenen Bundesstraße weiter bis in den Bendorfer Ortsteil **Sayn**. Sayns Geschichte ist eng mit den Grafen von Sayn, den Vorfahren des heutigen Fürstenhauses zu Sayn-Wittgenstein, verbunden. Die im 14. Jh. erbaute Burg wurde im 30-jährigen Krieg zerstört. 1848 erhielt Fürst Ludwig zu Sayn-Wittgenstein-Sayn die Ruine als Geschenk zurück. So haben von 1139 bis heute 19 Generationen des Hauses Sayn, wenn auch mit einer über 240-jährigen Unterbrechung, die Burg in ihrem Besitz gehabt. Im neugotischen Schloss ist das Rheinische Eisenkunstguss-Museum beheimatet, im benachbarten Schlosspark gibt es einen Schmetterlingsgarten, wo es tropische Falter in allen Größen und Farben zu sehen gibt.

Wir sind jedoch noch nicht ganz am Ziel unserer Tour. Über **Mülhofen** erreichen wir kurz danach **Engers**, am dortigen **Bahnhof Engers** endet unsere Tour.

Wer sich jedoch die Wartezeit bis zur Heimreise vertreiben will, dem sei ein Besuch der **Altstadt von Engers** empfohlen. In der Fußgängerzone, wenige hundert Meter vom Bahnhof entfernt, befinden sich zahlreiche Einkehrmöglichkeiten, schöne **Fachwerkgebäude** sowie das prunkvoll herausgeputzte **Schloss** aus dem 18. Jh., das in den Sommermonaten mit einem umfangreichen Musikprogramm (Villa Musica) aufwartet. Reste der **ehemaligen Stadtmauer** sind ebenfalls zu sehen.

*Sommerkonzerte im Schloss Engers (Villa Musica)*

# GPS TOUR 12

*An Holzbach und Saynbach – Burgen, Hexen und tropische Schmetterlinge*

## STRECKENBESCHREIBUNG

Von Altenkirchen bis Döttesfeld ist der Verlauf identisch mit der Tour 11 (Entlang der Wied).

Vom **Bahnhof Altenkirchen links ←** über den neuen Busbahnhof, **geradeaus ↑** „Wiedstr.", in **Leuzbach links ←**, **links ←** über das Bahngleis, die kommende Gabelung **rechts →**, über die Wied nach **Almerzbach**. Im spitzen Winkel **rechts →**, bis **Schöneberg**. Im Rechtsbogen bergauf in die Ortsmitte, ab dort bergab, **links ←** (Tempo 30), weiter bis **Neitersen**. Fluss und Bahngleis überqueren, **links ←** auf die B 256 durch **Neitersen**. Hinter **Obernau links ←**, über **Strickhausen, Berzhausen**, am Wendehammer **rechts →** „Wiesenstr." (Bushaltestelle), an der nächsten Gabelung **rechts →**, unter der Bahn hindurch, dahinter bis **Seelbach**, Ortsteil **Bettgenhausen**. Hier **links ←**, leicht bergauf, oben **rechts →**, bergab zur Kreuzung. Nach mehrmaligen Queren der Wied vorbei am ehem. **Bahnhof Flammersfeld**, am Ortsende **links ←**, unter der Bahn hindurch, dann **rechts →** dem Wanderwegzeichen W folgen, in der Folge knapp 2 km kritischer Wegabschnitt bis **Döttesfeld**. Hinter der Wassertretanlage in Höhe des Gasthofs **links ←** auf die L 269 einbiegen, vorbei am ehemaligen **Bahnhof Seifen**, über die Gleise und in den Ort **Seifen**.

Später **rechts →** auf die L 267 einbiegen, vorbei an **Niederähren** und **Oberähren** bis **Reichenstein**. Danach über **Puderbach** und **Raubach** weiter auf der L 267, bis **Wienau**.
Hinter Wienau in Höhe der Kreuzung kurz vor der B 413 **rechts →** auf den autofreien Weg, am Kreisel **links ←** in Ri. Brückrachdorf, weiter **geradeaus ↑** (bei Pause: **rechts →** in den Ort hinein). Ansonsten weiter **geradeaus ↑**, dann **links ←** „Schulstr.", „Giershagener Weg". In Höhe des Schulzentrums **geradeaus ↑**, Weg durch die Talaue. Am Schützenhaus vorbei, die Bahnlinie zweimal queren, **links ←**, später bergauf, an Kirche vorbei, Weg verschwenkt nach links und führt nach **Brückrachdorf**, **rechts →** „Selterser Str.". Bahnlinie unterqueren, auf der L 267 bis zur Kreuzung, dort **rechts →** nach **Sassenhausen**. Den Ortsteil **Hinterdorf** passieren, an der Kirche **links ←** nach **Ellenhausen**, bergab (7 % Gefälle!). Vor Ellenhausen **rechts →** auf die L 304, nun im Saynbachtal. Vorbei an **Schneidmühle**, später durch **Deesen**, am Ortsende den Saynbach überqueren, **rechts →** weiter Richtung Bendorf, vorbei an **Breitenau**, **Adenroth** und **Kausen**. Später auf die B 413 **links ←** einbiegen und nach **Isenburg**. Auf der Bundesstraße weiter in den Bendorfer Ortsteil **Sayn**, dann **rechts →** (bzw. vom Schloss kommend: **links ←**) in die „Engerser Landstr.", weiter nach **Mülhofen**, die B 42 (Schnellstraße) queren, an rechts abknickender Vorfahrtsstraße **geradeaus ↑** „Hardenbergstr."; weiter zum **Bahnhof Engers**.

*Die Saynbach-Aue bei Breitenau*

3 Touren

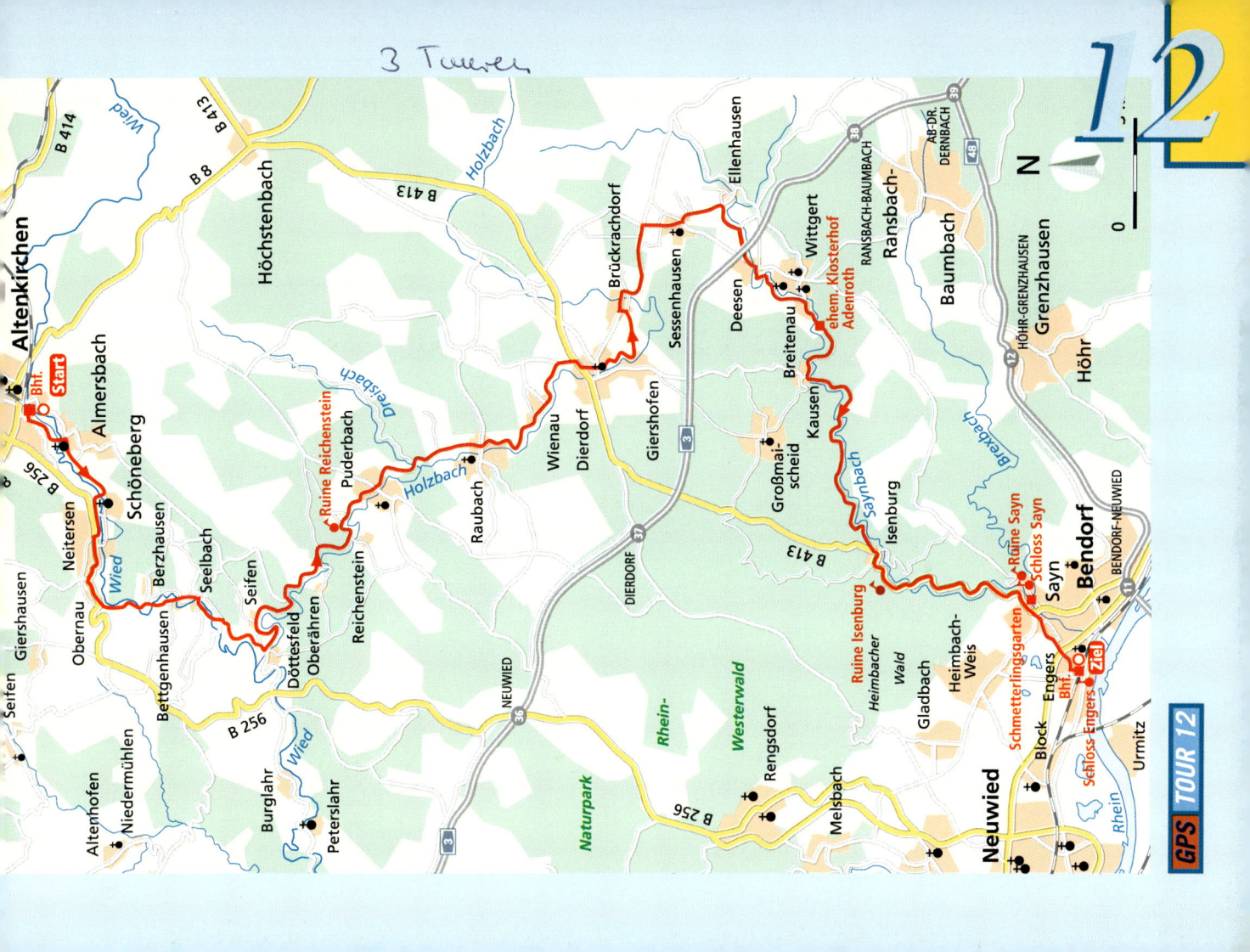

# 12

An Holzbach und Saynbach – Burgen, Hexen und tropische Schmetterlinge    128

**ADRESSEN UND INFORMATIONEN**

## Museen und Sehenswürdigkeiten

**Ruine Burg Reichenstein**
56305 Puderbach-Reichenstein
www.burgruine-reichenstein.de
(geöffnet an bestimmten Feiertagen)

**Garten der Schmetterlinge Schloss Sayn**
Im Fürstlichen Schlosspark, 56170 Bendorf-Sayn
www.sayn.de

**Rheinisches Eisenkunstguss-Museum**
Abteistraße 1, 56170 Bendorf-Sayn,
Tel. 02622/90 29 13
www.bendorf.de

**Mühlenmuseum „Heins Mühle"**
Besuchszeiten erfragen unter Tel. 02622/90 29 13
www.bendorf.de

**Die Burg Sayn**
Am Burgberg, 56170 Bendorf-Sayn, Tel. 02622/72 66
www.diesaynburg.de

**Falknerei Burg Sayn**
Tel. 02638/94 94 60

**Abtei Sayn**
Abteistraße 130, 56170 Bendorf-Sayn,
Tel. 02622/88 56 39
www.abtei-sayn.de

**Schloss Sayn**
Schlossstraße 100, 56170 Bendorf-Sayn,
Tel. 02622/9 02 40
www.sayn.de

## Einkehrmöglichkeiten

**Hotel Restaurant „Zum Wiedbachtal"**
Wiedstraße 14, 56305 Döttesfeld, Tel. 02685/10 60
www.hotel-zum-wiedbachtal.de

**Restaurant „Zum Manni"**
Puderbacher Straße, 56269 Dierdorf-Wienau,
Tel. 02689/16 57

**Gasthaus „Zur Post"**
Hauptstraße 68, 56271 Isenburg,
Tel. 02601/9 11 89 50
www.gasthaus-zur-post.de

**Zur Isenburg**
Hauptstraße 13, 56271 Isenburg, Tel. 02601/1017

**Burgschänke St. Hubertus**
Am Burgberg, 56170 Bendorf-Sayn, Tel. 02622/72 66
www.diesaynburg.de

**Schlossrestaurant Schloss Sayn**
Schlossstraße 100, 56170 Bendorf-Sayn
Tel. 02622/88 96 83
www.sayn.de

**Berghotel Rheinblick, Panorama – Restaurant – Café**
Remystraße 79, 56170 Bendorf-Sayn,
Tel. 02622/2 71 27
www.berghotel-rheinblick.de

**Rad-Erlebnistag**
„Jedem Sayn Tal", autofreies Sayntal zwischen Selters und Bendorf-Sayn, jeden dritten Sonntag im Juni
www.bendorf.de

*Alte Porz in Isenburg*